MIX
Papier aus verantwortungsvollen Quellen
Paper from responsible sources
FSC® C105338

Christian Steinmüller

E-Coaching

Chancen und Perspektiven
für Personalentwicklungsmaßnahmen

Bachelor + Master
Publishing

Steinmüller, Christian: E-Coaching. Chancen und Perspektiven für
Personalentwicklungsmaßnahmen, Hamburg, Diplomica Verlag GmbH 2012

Originaltitel der Abschlussarbeit: Mobile Coaching als kostengünstige und
zukunftsorientierte Personalentwicklungsmaßnahme für deutsche Unternehmen

ISBN: 978-3-86341-295-1
Druck: Bachelor + Master Publishing, ein Imprint der Diplomica® Verlag GmbH,
Hamburg, 2012
Zugl. Universität der Bundeswehr München, München-Neubiberg, Deutschland,
Diplomarbeit, 2010

Bibliografische Information der Deutschen Nationalbibliothek:
Die Deutsche Nationalbibliothek verzeichnet diese Publikation in der Deutschen
Nationalbibliografie; detaillierte bibliografische Daten sind im Internet über
http://dnb.d-nb.de abrufbar.

Die digitale Ausgabe (eBook-Ausgabe) dieses Titels trägt die ISBN 978-3-86341-795-6
und kann über den Handel oder den Verlag bezogen werden.

Dieses Werk ist urheberrechtlich geschützt. Die dadurch begründeten Rechte,
insbesondere die der Übersetzung, des Nachdrucks, des Vortrags, der Entnahme von
Abbildungen und Tabellen, der Funksendung, der Mikroverfilmung oder der
Vervielfältigung auf anderen Wegen und der Speicherung in Datenverarbeitungsanlagen,
bleiben, auch bei nur auszugsweiser Verwertung, vorbehalten. Eine Vervielfältigung
dieses Werkes oder von Teilen dieses Werkes ist auch im Einzelfall nur in den Grenzen
der gesetzlichen Bestimmungen des Urheberrechtsgesetzes der Bundesrepublik
Deutschland in der jeweils geltenden Fassung zulässig. Sie ist grundsätzlich
vergütungspflichtig. Zuwiderhandlungen unterliegen den Strafbestimmungen des
Urheberrechtes.

Die Wiedergabe von Gebrauchsnamen, Handelsnamen, Warenbezeichnungen usw. in
diesem Werk berechtigt auch ohne besondere Kennzeichnung nicht zu der Annahme,
dass solche Namen im Sinne der Warenzeichen- und Markenschutz-Gesetzgebung als frei
zu betrachten wären und daher von jedermann benutzt werden dürften.

Die Informationen in diesem Werk wurden mit Sorgfalt erarbeitet. Dennoch können
Fehler nicht vollständig ausgeschlossen werden, und die Diplomarbeiten Agentur, die
Autoren oder Übersetzer übernehmen keine juristische Verantwortung oder irgendeine
Haftung für evtl. verbliebene fehlerhafte Angaben und deren Folgen.

© Bachelor + Master Publishing, ein Imprint der Diplomica® Verlag GmbH
http://www.diplom.de, Hamburg 2012
Printed in Germany

Inhaltsverzeichnis

Abbildungsverzeichnis

Abkürzungsverzeichnis

1 Einleitung 1
   1.1 Problemstellung 2
   1.2 Zielsetzung 3
   1.3 Methodik und Aufbau der Arbeit 3

2 Coaching 4
   2.1 Zur Entwicklung des Begriffs Coaching 4
   2.2 Begriffsklärung Coaching 6
   2.3 Das Coaching-Konzept 8
      2.3.1 Theoretischer Rahmen 9
      2.3.2 Anlässe für Coaching 10
      2.3.3 Ziele des Coaching 12
         2.3.3.1 Steigerung der beruflichen Qualifikation und Effizienz 13
         2.3.3.2 Entwicklung von Gestaltungspotentialen im Beruf 14
      2.3.4 Notwendige Rahmenbedingungen für das Coaching 15
      2.3.5 Die Wirkung des Coachings 15
         2.3.5.1 Wirkungsebene „Wahrnehmung" 16
         2.3.5.2 Wirkungsebene „Wahlmöglichkeiten" 18
         2.3.5.3 Wirkungsebene „Vertrauen" 18
      2.3.6 Qualifikation und Kompetenzen des Coach 19
         2.3.6.1 Psychosoziale Kompetenzen 19
         2.3.6.2 Fachliche Kompetenzen 20
         2.3.6.3 Persönliche Kompetenzen 21
      2.3.7 Die Rolle des Coachs 21
      2.3.8 Der Coaching-Prozess 23
   2.4 Abgrenzung des Coaching von anderen Disziplinen 25

- 2.4.1 Abgrenzung zu Supervision 25
- 2.4.2 Abgrenzung zu Mentoring 27
- 2.4.3 Abgrenzung zu Psychotherapie 29

3 Mobile Coaching 32

- 3.1. Wandel in der Lehre zu „Neuen Medien" 32
- 3.2 Grundlagen Mobile-Coaching 33
  - 3.2.1 E-Learning und Mobil-Coaching 34
  - 3.2.2 Grundstruktur Mobile-Coaching 35
  - 3.2.3 Vorteile und Nachteile von Mobile-Coaching gegenüber Face-to-Face-Coaching 38
- 3.3 Asynchrone Kommunikation 40
  - 3.3.1 E-Mail 40
  - 3.3.2 Newsgroup 41
  - 3.3.3 Foren 42
- 3.4 Synchrone Kommunikation 43
  - 3.4.1 Chat- und Massanger-Kommunikation 44
  - 3.4.2 Internet-Telefonie mit Echtzeit-Videokommunikation 45
- 3.5 Hybrides Mobile Coaching 46
- 3.6 Darstellung und Analyse der Coaching-Plattform „coach/on" 46

4 Studie zur Analyse von Mobile Coaching als Personalentwicklungsmaßnahme 53

- 4.1 Das ExpertInnenInterview 53
- 4.2 Auswertung des ExpertInneninterviews mit einer Diplom-Psychologin. 55
  - 4.2.1 Einleitung 55
  - 4.2.2 Fragen zum Konzept Mobile-Coaching 56
  - 4.2.3 Fragen zur Marktsituation von Mobile-Coaching 57
  - 4.2.4 Fragen zu Mobile-Coaching in der Personalentwicklung 58
  - 4.2.5 Zusammenfassung des Interviews mit der Diplom-Psychologin 59
- 4.3 Auswertung des ExpertInneninterviews mit einer Diplom-Betriebswirtin. 61

- 4.3.1 Einleitung 61
- 4.3.2 Fragen zum Konzept Mobile-Coaching 62
- 4.3.3 Fragen zur Marktsituation von Mobile-Coaching 64
- 4.3.4 Fragen zu Mobile-Coaching in der Personalentwicklung 65
- 4.3.5 Zusammenfassung des Interviews mit der Diplom-Betriebswirtin .. 66

4.4 Auswertung des ExpertInneninterviews mit einer Diplom-Psychologin. 67
- 4.4.1 Einleitung 67
- 4.4.2 Fragen zum Konzept Mobile-Coaching 68
- 4.4.3 Fragen zur Marktsituation von Mobile-Coaching 69
- 4.4.4 Fragen zu Mobile-Coaching in der Personalentwicklung 70
- 4.4.5 Zusammenfassung des Interviews mit einer Diplom-Psychologin .. 71

4.5 Auswertung des ExpertInneninterviews mit einem Diplom-Betriebswirt 72
- 4.5.1 Einleitung 72
- 4.5.2 Fragen zum Konzept Mobile-Coaching 73
- 4.5.3 Fragen zum Konzept Mobile-Coaching 74
- 4.5.4 Fragen zu Mobile-Coaching in der Personalentwicklung 74
- 4.5.5 Zusammenfassung des Interviews mit einem Diplom-Betriebswirt 75

4.6 Auswertung des ExpertInneninterviews mit einem Professor für allgemeine Pädagogik 76
- 4.6.1 Fragen zum Konzept Mobile-Coaching 77
- 4.6.2 Fragen zum Konzept Mobile-Coaching 78
- 4.6.3 Fragen zu Mobile-Coaching in der Personalentwicklung 79
- 4.6.4 Zusammenfassung des Interviews mit einem Professor für allgemeine Pädagogik 79

5 Fazit und Handlungsempfehlungen 80

6 Ausblick 84

Anhangverzeichnis

Anhang 1

Anhang 2

Literaturverzeichnis

Webseitenverzeichnis

Abbildungsverzeichnis:

Abbildung 1: Grundlagen des heutigen Coaching-Verständnisses 5
Abbildung 2: Aspekte des Coaching in der Personalentwicklung 7
Abbildung 3: Hauptanlässe für Coaching 11
Abbildung 4: Die drei Wirkungsebenen des Coachings 16
Abbildung 5: Das optische Quadrat 17
Abbildung 6: Die verschiedenen Arten von Coachs 22
Abbildung 7: Der schematische Ablauf eines Coaching Prozesses 23
Abbildung 8: Varianten des E-Learning 35
Abbildung 9: Begriffsstrukturen von Mobile Coaching 36
Abbildung 10: Grundstruktur Mobile-Coaching 37
Abbildung 11: coach/on Struktur „Themen" 47
Abbildung 12: coach/on Struktur „Themen-Kommunikation" 48
Abbildung 13: coach/on Struktur „Ziele" 49
Abbildung 14: coach/on Struktur „Aufgaben" 49
Abbildung 15: coach/on Struktur „Erkenntnisse" 50
Abbildung 16: coach/on Struktur Organisation (Nachrichten) 50
Abbildung 17: coach/on Funktion „Chat" 51
Abbildung 18: coach/on „Chat-Raum" 51

Abkürzungsverzeichnis

Abs.	Absatz
Art	Artikel
BITKOM	Bundesverband Informationswirtschaft, Telekommunikation und neue Medien
BMFSFJ	Bundesministerium für Familie, Senioren, Frauen und Jugend
F.A.	Friedrich Albert
Ges.m.b.H	Gesellschaft mit beschränkter Haftung (Österreich)
GG	Grundgesetz
GmbH	Gesellschaft mit beschränkter Haftung
ICQ	Programm für Nachrichtensofortversand
IP	Internetprotokoll
MSN	Microsoft Network
UN-Doc	United Nations Document

1 Einleitung

Die deutschen Unternehmen stehen großen Veränderungen, bedingt durch den demographischen und die zunehmende Internationalisierung der Wirtschaft, gegenüber. Diese Einflussfaktoren führen nicht nur zu einer Intensivierung des Wettbewerbs zwischen den Unternehmen um Marktanteile. Auch die Allokation von Ressourcen, speziell des Humankapitals der Unternehmen, gewinnt immer höhere Bedeutung im ökonomischen Wettbewerb[1].

Das Wissen, die Motivation und die Veränderungsbereitschaft der Mitarbeiter/ - innen sind entscheidende Faktoren. Investitionen in das Humankapital, Weiterbildungsmöglichkeiten und Lernbereitschaft sind essentielle Grundlagen zur Steigerung der Wettbewerbsfähigkeit auf nationalen und internationalen Märkten[2]:

„Die Wettbewerbsfähigkeit eines Landes beginnt nicht in der Fabrikhalle oder im Forschungslabor. Sie beginnt im Klassenzimmer[3]."
Henry Ford (1863-1947), amerikanischer Großindustrieller.

Eine effektive und stetige Personalentwicklung ist die Konsequenz aus der Tatsache, dass durch Wissen und die Förderung der Handlungskompetenzen der Mitarbeiter die Wettbewerbsfähigkeit nachhaltig gesteigert werden kann. Hier bieten Weiterbildungsmaßnahmen die Möglichkeit, die Humanressourcen der Unternehmen zu entwickeln und optimal zu nutzen.

Coaching-Maßnahmen gewinnen zunehmend an Bedeutung. Ziel dieser Personalentwicklungsmaßnahmen ist, das Humankapital zukunftsorientiert zu verändern und zu fördern, um Wettbewerbs, Wachstums- und Ertragsvorteile für die Unternehmen generieren zu können. Hierbei können durch die Unternehmen in Zukunft, durch den Einsatz von Mobile-Coaching, prozessorientierte Vorteile genutzt werden. Die Entwicklung neuer Kommunikationskanäle über die elektronischen Medien bieten Möglichkeiten, neue Lernmodelle in die Personalentwicklung deutsche Unternehmen zu integrieren.

---

[1] Vgl. Kamaras (2003), S. 12.
[2] Vgl. Pekrul (2006), S. 167.
[3] Hochschule Albstadt-Sigmaringen (07.06.2010).

Im anschließenden Kapitel folgt die Darstellung der Problemstellung dieser Arbeit.

1.1 Problemstellung

Gründe für die stetig steigende Nachfrage nach Coaching sind neben der Auflösung der hierarchischen Strukturen die steigende Vernetzung der Unternehmen und die steigende Komplexität beruflicher Aufgaben[4]. Mit der Vernetzung auf horizontaler Ebene wächst die Interaktion zwischen den Personen. Die Auflösung von traditionellen Strukturen in Kombination mit der verstärkten Interaktion lässt den Koordinationsbedarf aller Funktionsträger stetig steigen.

Den Mitarbeitern bleibt es oft selbst überlassen, wie Aufgaben und Herausforderungen zu lösen sind. Dies ist bedingt durch den Wegfall von institutionellen Festlegungen, welche die Aufgabenverteilung koordinieren. Die Interaktionsgeschwindigkeiten steigen, es sind hohe Anforderungen an die organisatorischen und sozialen Kompetenzen der Mitarbeiter gefragt. Intensive Reflexion und Selbstreflexion ist daher ein Kernbestandteil der heutigen Berufswelt.

Coaching stellt in diesem Zusammenhang eine essentielle Reflexionshilfe dar, die dazu beiträgt, diese anspruchsvollen Aufgaben und Funktionen der beteiligten Mitarbeiter zu optimieren. Kontextbezogene Reflexion und die Analyse aller beteiligten Aspekte, welche zur Entstehung von Arbeitsproblemen führen, können durch Coaching ermöglicht, Problemkonstellationen durch die eigenen Ressourcen der Mitarbeiter bewältigt werden[5]. Zusätzlich ist es möglich den präventiven Erwerb von Fähigkeiten und Kompetenzen mithilfe von Coaching zu erreichen[6].

Die Kosten für individuelle Coaching-Maßnahmen sind für die Unternehmen sehr hoch[7]. Hauptzielgruppe für diese kostenintensive Personalentwicklungsmaßnahme sind daher die Führungskräfte. Die „young professionals" und Angestellte auf der mittleren Managementebene mit besonderen Fachqualifikationen werden in der Praxis selten durch durch Coaching gefördert und entwickelt.

Neben der Kostenreduktion sind nachhaltige Personalentwicklungsmaßnahmen durch die Unternehmen zu vollziehen, um die Wettbewerbsfähigkeit zu steigern. Dies muss auf allen Hierarchieebenen durchgeführt werden. Die „neuen Medi-

---

[4] Vgl. Buchinger/Klinkhammer (2007), S. 23.
[5] Vgl. Rauen (1999), S. 31.
[6] Vgl. Buchinger/Klinkhammer (2007), S. 24.
[7] Vgl. Kapitel 2.4.2.

en" und die damit verbunden Kommunikationskanäle bieten den Unternehmen die Möglichkeit, auf allen Strukturebenen erfolgreiche Personalentwicklung in Form von Mobile-Coaching durchführen zu können.

1.2 Zielsetzung

Zuerst wird die Theorie des Coaching dargestellt und es werden die neuen Möglichkeiten für die Unternehmen in Form von Mobile-Coaching als kostensparende Personalentwicklungsmaßnahme aufgezeigt.

Herausgestellt werden sollen explizit die Vor- und Nachteile und Wirkungsweisen, welche sich durch die „neuen Medien" in der Praxis des Mobile-Coaching bieten. Die Erfahrung hinsichtlich der Anwendung von Mobile-Coaching in der Personalentwicklung und Zukunftstendenzen der relativ neuartigen Form des Coachings werden vorgestellt. Ziel ist, das System Mobile-Coaching zu untersuchen und grundlegende Elemente präsenter zu machen, um eine zukünftige Akzeptanz des Systems in der Personalentwicklung zu schaffen.

Das übergeordnete Ziel dieser Arbeit ist, durch eine empirische Analyse erfolgsversprechende Anwendungsbeispiele und Variationen der Implementierung von Mobil-Coaching Systemen in der Praxis aufzuzeigen.

1.3 Methodik und Aufbau der Arbeit

Auf der Basis der Literaturanalyse wird die empirische Untersuchung durchgeführt. Die Auswertung der empirischen Analyse stellt den Schwerpunkt dieser Arbeit dar und erfolgt in Kapitel 4. Die erhobenen Daten beziehen sich auf ExpertInneninterviews, mit dem Ziel einer qualifizierten Beschreibung über die Implementierung von Mobile-Coaching Systemen in der Praxis.

Diese Arbeit ist in sechs Kapitel unterteilt: Kapitel 1 beinhaltet Einleitung, Problemstellung, Zielsetzung und geht auf die Methodik und den Aufbau der Arbeit ein. In den Kapiteln 2 und 3 werden die theoretischen Grundlagen dieser Arbeit geschaffen, in dem Coaching und Mobile-Coaching in einem theoretischen Rahmen dargestellte werden. In Kapitel 4 folgt die Beschreibung, Auswertung und Zusammenfassung der empirischen Untersuchung. Das darauf anschließenden 5. Kapitel folgt ein Fazit und die Diskussion zur Gegenüberstellung von Theorie und Praxis. Ein Ausblick auf weitere zukünftige Forschungsmöglichkeiten, welche sich im Rahmen der empirischen Untersuchung ergeben haben, folgt in Kapitel 6.

2 Coaching

In diesem Kapitel werden die theoretischen Grundlagen von Coaching erläutert. Nach der Begriffsentwicklung Begriffsdefinition folgt die Darstellung eines theoretischen Coaching-Konzeptes. Dieses Kapitel bildet die Grundlage und den theoretischen Rahmen für die weiteren Ausführungen zu Mobile-Coaching und dem Schwerpunkt der Arbeit, der empirischen Analyse.

Zentrale Faktoren der Wettbewerbsfähigkeit von Unternehmen sind heutzutage Humankapital und Bildung. Hier ist von den Unternehmen nachhaltiges Handeln gefragt Es müssen Konzepte entwickelt werden, die zu einer effizienteren Bildung und Nutzung von Humanressourcen führen, um ein qualitatives Wachstum sicherstellen zu können. Nur durch die Konzentration auf geistige Arbeit ist den neuen Herausforderungen in der heutzutage globalisierten Welt zu begegnen. Durch Bereitschaft, Information und stetiges Lernen kann das Unerwartete und das Neuartige als Normalfall verstanden werden. Herausforderungen und mögliche Schwierigkeiten werden somit relativiert[8]. Das Coaching ist hierbei ein entscheidendes Instrument, eine hinreichende Entwicklung des Bildungsniveaus innerhalb der Unternehmen zu gewährleisten und die verbesserte Nutzung von Humanressourcen sicherzustellen.

Im folgenden Kapitel wird die Entwicklung des Begriffs Coaching dargestellt.

2.1 Zur Entwicklung des Begriffs Coaching

In seinem Ursprung stammt der Begriff „Coach" aus dem Englischen und bezeichnet die „Kutsche", später war mit der Bedeutung „Coach" auch Kutscher gemeint[9]. Der Begriff wurde im Laufe der Zeit auf viele verschiedene Bereiche übertragen. Nach erster Verwendung des Begriffes im 18. Jahrhundert an angloamerikanischen Bildungseinrichtungen, wo Coaching für die Vorbereitung und Betreuung von Studenten auf Prüfungen und Sportwettbewerbe verwendet wurde, erlangte der Begriff „Coaching" in Bezug auf die professionelle, fachliche und psychologische Betreuung von Sportlern große Bedeutung[10]. Im Laufe der Zeit wurde der Begriff „Coaching" in die Psychotherapie und in die Wirtschaft transferiert. Coaching war zuerst allein auf das entwicklungsorientierte Führen von Mitarbeitern durch den nächst höheren Vorgesetzten bezogen. Im Anschluss folgte eine Erweiterung. Coaching bezog sich jetzt primär auf die Bera-

---

[8] Vgl. Clar/Dorè/Mohr (1997), S. 8.
[9] Vgl. Mayerl/Jasorka (2007), S. 9.
[10] Vgl. Rauen (1999), S. 21.

tung von Führungskräften durch externe Berater[11]. In der Abbildung 1 sind die Grundlagen des heutigen Coaching-Verständnisses dargestellt. Sowohl im Sportbereich, als auch in sozialen und psychotherapeutischen Disziplinen liegen Wurzeln des Coaching. Viele Analogien zur Supervision und dem Consulting sind im Coaching vorzufinden. Speziell die Methoden und das Verständnis des Coaching wurden dadurch geprägt.

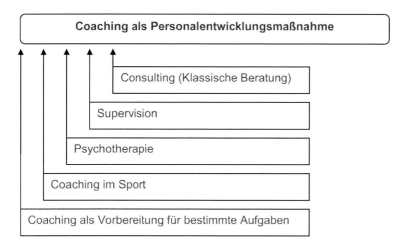

Abbildung 1: Grundlagen des heutigen Coaching-Verständnisses[12]

Ende der 90-er Jahre entwickelte sich eine gesellschaftliche Anschauung, welche Coaching als universelle Problemlösungsstrategie auslegte[13]. Der Begriff wurde zu einem „Statussymbol"[14]. Coaching ist ein frei verwendbarer und ungeschützter Begriff[15], somit sind universelle Begriffsverwendungen nicht vermeidbar. Jegliche Art von Schulungen, Trainingsmaßnahmen und alle Arten der Beratung wurden als Coaching bezeichnet[16]. Das Image des Begriffs sank durch die mangelnde Begriffseindeutigkeit auf ein niedriges Niveau ab.

Diese Entwicklung setzt heute voraus, dass bei der Begriffsdefinition und Anwendung eine hohe Qualitätsanforderung nach wissenschaftlichen Richtlinien zu fordern ist und der Begriff klar abgegrenzt wird, um Verwirrungen und Unklarheiten zu vermeiden und um den Begriff in einen korrekten Bezug zu setz-

---

[11] Vgl. Heß/Roth (2001), S. 14.
[12] Vgl. Rauen (1999), S. 21.
[13] Vgl. Böning/Fritschle (2005), S. 30.
[14] Vgl. Greif (2008), S. 53.
[15] Vgl. Böning/Fritschle (2005), S. 31.
[16] Vgl. Heß/Roth (2001), S. 14.

ten[17]. Im Folgenden wird eine Begriffsklärung des Begriffs „Coaching" vorgestellt.

2.2 Begriffsklärung Coaching

Wie bereits in Kapitel 2.1 dargestellt, wird der Begriff „Coaching" sehr undifferenziert angewendet, und eine verwirrende Anzahl an Begriffsverwendungen existiert. Es ist nicht möglich eine allgemein gültige Definition für den Begriff „Coaching" zu nennen. Gemeinsamkeiten in der Begriffsverwendung stechen jedoch hervor. Die Schnittmenge und übereinstimmenden Merkmale der vielseitigen Begriffsverwendungen können als Grundlage für eine praxisorientierte Begriffsklärung des Coaching als Personalentwicklungsmaßnahme verwendet werden. In der Praxis hat sich regelrecht eine Konjunktur zu Wortneuschöpfungen entwickelt[18].Beispielhaft sind zu nennen: *EDV-Coaching*, *Rollen-Coaching*, *Mitarbeiter-Coaching*, *Business-Coaching*, *Team-Coaching*, *Selbst-Coaching*, *Organisations-Coaching*, *Manager-Coaching* und *Time-Coaching*.

Vor diesem Hintergrund kann Coaching als eine besondere Form der Beratung betrachtet werden. Der Coachee behält dabei die Entscheidungsgewalt. Der Kern des Coaching ist „Hilfe zur Selbsthilfe"[19].

---

[17] Vgl. Greif (2008), S. 57.
[18] Vgl. Rauen (1999), S. 39.
[19] Vgl. Greif (2008), S. 55.

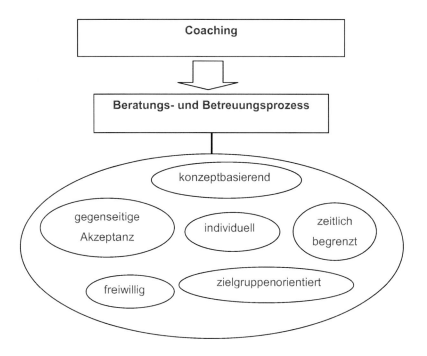

Abbildung 2: Aspekte des Coaching in der Personalentwicklung[20]

In der Abbildung 2 sind die übereinstimmenden Aspekte verschiedener Begriffsverwendungen dargestellt. Herauskristallisiert hat sich, dass Coaching ein zeitlich begrenzter Beratungs- und Betreuungsprozess ist, welcher zielgruppenorientiert ist und dazu dient, berufliche oder private Ziele zu erreichen[21]. Somit ist Coaching eine individuelle Beratung und gleichzeitig die Hilfe zur Selbstverantwortung für einzelne Personen oder genau festgelegte Gruppen. Dabei ist der Coach Begleiter und Partner. Der Coachee kann sich aktiv auf freiwilliger Basis beteiligen. Gegenseitige Akzeptanz ist dabei eine Grundvoraussetzung. Der Coach macht sich im optimalen Fall nach einer gewissen Zeit überflüssig wenn die Hilfe zur Selbsthilfe Wirkung zeigt und leitet konzeptbasierend und methodengeleitet an[22]. Prozessberatung ist in diesem Zusammenhang essentiell. Der Coach begleitet und reflektiert gemeinsam mit dem Coachee wichtige

---

[20] Vgl. Rauen (1999), S. 64.
[21] Vgl. Offermanns/Steinhübel (2006), S. 42.
[22] Vgl. Kapitel 2.3.

Themen, Handlungsoptionen werden eröffnet und gemeinsam erarbeitet[23], um eine präzise und konkrete Fragestellung zu reflektieren und individuelle Fragestellungen zu lösen[24].

Im folgenden Kapitel werden die wesentlichen Inhalte des Coaching-Konzeptes dargestellt

2.3 Das Coaching-Konzept

Das Coaching-Konzept stellt die Basis für die Tätigkeit als Berater dar. In dem Konzept wird dargestellt, was Coaching ist, wie das Coaching ablaufen wird, welche Techniken und Methoden der Coach zum Einsatz bringt. Es wird skizziert wie der gesamte Prozess ablaufen soll, Wirkungszusammenhänge in dem Coaching-Prozess müssen in dem Coaching-Konzept aufgezeigt werden[25]. Jedes Konzept muss individuell auf die zu lösende Herausforderung angepasst werden.

Das Coaching-Konzept ist für die Coachees eine Hilfestellung bezüglich der Auswahl eines Coachs. Das Konzept muss daher im Vorfeld nachvollziehbar und verständlich den potentiellen Coachees erläutert werden. Nur so kann gewährleistet werden, dass das Konzept von den Coachees verstanden wird und alle erwarteten Aspekte vom Coach bei der Konzeptionierung berücksichtigt wurden[26].

Ein Coaching-Konzept muss systemflexibel und bedarfsorientiert jedem neuen Prozess angepasst werden[27]. Coaching ist eine individuelle Form der Beratung. Ein allgemeingültiges Konzept ist daher in der Praxis nicht umsetzbar. Gleichwohl gibt es bestimmte Anforderungen, Fragestellungen und Rahmenbedingungen, welche es in einem Coaching-Konzept grundlegend zu beantworten gilt und auf welche die Coachees eine Antwort erwarten dürfen. Diese werden in den folgenden Kapiteln dargestellt.

---

[23] Vgl. Heintel/Ukowitz (2009), S. 36.
[24] Vgl. Offermanns/Steinhübel (2006), S. 42.
[25] Vgl. Coaching-Schulen, (15.04.2010).
[26] Vgl. Coaching-Report (Nr.1), (15.04.2010).
[27] Vgl. Pohl/Fallner (2009), S. 228.

2.3.1 Theoretischer Rahmen

Der folgende theoretische Rahmen beschreibt die Lerntheorien des Coaching-Prozesses und erklärt, warum Coaching funktioniert. Hierbei stellt das sozial-kognitive Lernen die Grundlage dar: Die sozial-kognitiven Lerntheorien[28] beschreiben, durch welche Prozesse Menschen in ihrer Entwicklung lernen und sich in bestimmten Situationen instinktiv angemessen verhalten[29]. Gefördert werden Lernprozesse durch Modelllernen, d.h. die Betrachtung und Beobachtung anderer Organisations- oder Gruppenmitglieder, und durch Fremd- bzw. Selbstverstärkung innerhalb von Problemlösungsprozessen[30].

Die im Folgenden aufgeführten Teilprozesse wirken auf die Lernprozesse ein:

Aufmerksamkeitsprozesse, welche auf die Beobachtung im Rahmen des Modellernens einwirken, werden durch die Wahrnehmungskapazität, das Erregungsniveau und durch die Wahrnehmungseinstellung des Coachees beeinflusst[31]. Dies erklärt, warum jeder Coachee in unterschiedlicher Art und Weise lernt und sich im Coaching-Prozess entwickelt. Behaltensprozesse stellen die zweite Voraussetzung des Modellernens dar. Hier werden Verhaltensweisen aus der Realität vom Coachee in kognitive Denkstrukturen überführt und gespeichert. Wiederholungen und Übungen wirken sich dabei positiv auf den Behaltensprozess aus. Die kognitiven Fähigkeiten des Coachees und die Lernumgebung und Struktur sind relevant für den Lernerfolg. Motorische Reproduktionsprozesse stellen die Transferleistung von dem Gelernten in die Praxis dar. Es gilt es das Gelernte in Handlungen umzusetzen. Die Reproduktion der Coaching-Inhalte wird durch eigene Kontrolle und durch Feedback des Coachs überwacht[32]. Motivationale Prozesse werden gestärkt durch Selbstbekräftigung, Fremdbekräftigung und stellvertretende Bekräftigung. Die motivationalen Prozesse wirken sich in der Wiedergabe des Gelernten aus und beinhalten positive und auch negative Folgen.

Im nächsten Kapitel werden die Hauptanlässe für Coaching erläutert.

---

[28] Vgl. Bandura (1979).
[29] Vgl. Winkel/Petermann/Petermann (2006), S. 168.
[30] Vgl. Rotering-Steinberg (2009), S. 46.
[31] Vgl. Karnowski (2008), S. 62.
[32] Vgl. Böhnisch/Krennmair/Stummer (2006), S. 38.

2.3.2 Anlässe für Coaching

Coaching ist eine individuelle Beratungsform. Im diesem Kapitel wird dargestellt, für welche Anlässe Coaching in der Praxis am häufigsten eingesetzt wird und für welche Art von Themen Coaching oft in Anspruch genommen wird.

Grundsätzlich lassen sich die Anlässe für Coaching in drei verschiedenen Ebenen einordnen[33]:

a) Individuelle Ebene:
Hierbei geht es um direkte Themen und Probleme der Coachees. Diese sind begründet durch neue Herausforderungen am Arbeitsplatz, aber auch Überforderung, Stress und Konflikte.

b) Team-Ebene:
Der Schwerpunkt liegt hier auf der Teamentwicklung, der Unterstützung bei Teamfindungsprozessen und der Lösung von Gruppenkonflikten.

c) Organisationsebene:
Hierbei handelt es sich um Beratung bei Problemen, welche bedingt sind durch die Strukturen und Prozesse in Organisationen oder deren Veränderung z.B. im Rahmen von Change-Management-Prozessen.

Im Rahmen einer Befragung der Trigon Entwicklungsberatung regGenmbH aus Österreich zum Thema Coaching, in der über 250 Coachs / Coachees und Personalberater befragt worden sind, wurden die Hauptanlässe für Coaching erhoben[34]. Diese sind in der Abbildung 3 grafisch dargestellte und werden im Folgenden erläutert:

Den ersten Ranglistenplatz der genannten Coaching-Anlässe nahmen mit 28% „Beziehungs- und Konfliktfragen" ein. Dies bezieht sich auf Beziehungsprobleme zwischen Vorgesetzten und Mitarbeitern, aber auch auf die Beziehungen der Mitarbeiter untereinander. Hierbei ist es für den Coach wichtig, die dafür ausschlaggebenden Probleme zu erkennen und die dahinter liegenden Prozesse zu optimieren und keine Therapie durchzuführen bzw. Coaching als Therapie auszulegen[35]. Die Nennung der „Beziehungs- und Konfliktfragen" steht in engem Zusammenhang mit der Nennung

---

[33] Vgl. Backhausen/Thommen (2006), S. 214.
[34] Vgl. Trigon Coaching Befragung (17.04.2010), S. 1.
[35] Vgl. Coaching-Report (Nr.2), (17.04.2010).

„Teamkonflikte, Teamentwicklung" mit 11%. Schwerpunkt liegt hierbei auf der Teamebene.

An zweiter Stelle wurden mit 17% „Neue Aufgaben, Veränderungen" als Coaching-Anlässe genannt. Diese Coaching-Anlässe fokussieren sich auf die organisatorische Ebene und beziehen sich primär auf Coaching im Rahmen von Change-Management-Prozessen sowie Mergers & Acquisitions-Prozesse, also die Zusammenführung oder Kooperation von Unternehmen[36].

An dritter Stelle der Hauptanlässe für Coaching wurde „Selbstreflexion, persönliche Entwicklung" mit 15% genannt. Diese Themen beziehen sich auf die individuelle Ebene. Leistungsoptimierung, die Beseitigung von Motivationsdefiziten und Hilfe bei Burnout soll durch Coaching erreicht werden[37]. Weiterhin ist eine Reflexion des eigenen Arbeitsverhaltens gefragt, in der Praxis liegt oft ein Feedback-Mangel seitens der Vorgesetzten vor[38].
Weiterhin wurden auf der individuellen Ebene „Stressbewältigung, Work-Life-Balance" mit 11%, „Karriere- und Zukunftsgestaltung" mit 10% und „Alltägliche Arbeitsprobleme" mit 8% als Hauptanlässe für Coaching genannt.

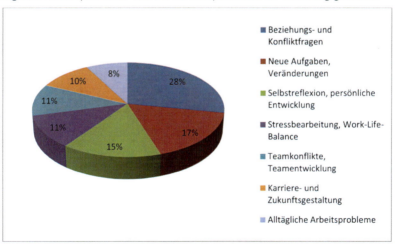

Abbildung 3: Hauptanlässe für Coaching[39]

---

[36] Vgl. Wirtz (2003), S. 6.
[37] Vgl. Eichhorn (2009), S. 111.
[38] Vgl. Coaching-Report (Nr. 2), (17.04.2010).
[39] Vgl. Trigon Coaching Befragung (17.04.2010), S. 8.

Daraus ergibt sich, dass Coaching primär für Beziehungsprobleme, Gruppenkonflikte und Teamfindungsprozesse eingesetzt und auf der Team-Ebene zur Anwendung kommt. Darauf folgend wird Coaching hauptsächlich auf der organisatorischen Ebene für die Hilfestellung bei Veränderungsprozessen angewendet, gefolgt dem Einsatz auf der individuellen Ebene z.B. im Rahmen von Selbstreflexion und der Beratung bei individuellen Arbeitsproblemen.

Anknüpfend an die Anlässe für Coaching, werden im folgenden Kapitel die Ziele des Coachings dargestellt. Hierbei liegt der Fokus auf einer Steigerung der beruflichen Qualifikation und der Entwicklung von neuen Gestaltungspotentialen im Beruf.

2.3.3 Ziele des Coaching

Ein gut strukturiertes Coaching befähigt den Coachee, die Aufgaben, welche er sich selbst vorgenommen hat oder die er von seinem Vorgesetzten auferlegt bekommen hat, umsetzen zu können. Die Zielformulierung im Vorfeld ist essentiell und legt die Basis für einen erfolgreichen Coaching-Prozess. Hier muss der Coach sich Zeit nehmen und präzise vorgehen. Ein genau formuliertes Ziel beinhaltet oft schon Lösungsvorschläge[40].

Weiterhin ist bei der Festlegung der Ziele eine klare Rangfolge zu erstellen, um Zielkonflikte zu vermeiden. Z.B. wenn der Coachee aktiv sein Personal führen möchte, zugleich seinen persönlichen Einfluss auf die Mitarbeiter ausweiten möchte. Wenn der Coach und der Coachee sich im Vorfeld mit solchen Zielkonflikten auseinandersetzten und klare Prioritäten setzten, können dabei schon mögliche Lösungen erkannt werden[41].

Grundlegendes Ziel des Coaching ist es, Probleme zu lösen, ganz gleich ob sie beruflich oder privat bedingt sind. Im wirtschaftlichen Bereich lassen sich die Ziele in zwei Zielkategorien differenzieren. Zum einen die Steigerung der beruflichen Qualifikationen, zum anderen die Entwicklung von neuen Gestaltungspotentialen im Beruf. Diese Zielkategorien werden in den folgenden Kapiteln näher erläutert.

---

[40] Vgl. Niermeyer (2007), S. 39.
[41] Vgl. Coaching-Report (Nr.3), (18.04.2010).

2.3.3.1 Steigerung der beruflichen Qualifikation und Effizienz

Erfolgreiche Unternehmen in der heutigen globalisierten Welt legen viel Wert auf hoch qualifizierte Mitarbeiter, um in der steigenden Marktintensität und den zunehmend komplexer werdenden Märkten wettbewerbsfähig zu bleiben. Hier sind die Unternehmen und die Mitarbeiter selbst gefragt, mit beruflichen Qualifikationen die berufliche Effizienz auszubauen und stetig zu erhöhen. Die Mitarbeiter sind nicht nur in der Pflicht sich weiterzubilden, sondern die Mitarbeiter haben das Recht sich fortzubilden, die Unternehmen sind in der Pflicht, dies sicherzustellen. Es kann mit dem Recht auf die freie Entfaltung der Persönlichkeit[42] und dem Recht auf Bildung[43] begründet werden.

Die Zielerreichung durch Coaching als Personalentwicklungsmaßnahme der Mitarbeiter bringt gleichermaßen Vorteile für die Organisation oder das Unternehmen[44]. Eines der Primärziele des Coaching ist hierbei die Steigerung dieser positiven Synergieeffekte und die Entwicklung eines effektiven Managements. Die berufliche Effizienz ist dabei in drei Teilgebiete zu differenzieren[45]. Diese sind die technischen, die konzeptionellen und die sozialen Managementkompetenzen:

Bei der technischen Managementkompetenz geht es um die Vermittlung faktischen Wissens. Z.B. kommt Coaching hier zum Einsatz, um die Delegationsfähigkeit zu verfeinern oder die Fähigkeit Mitarbeitergespräche zu führen.

Bei der konzeptionellen Managementkompetenz steht die Fähigkeit zur Erweiterung von Denkmustern und des Verstehens beim Coaching im Vordergrund. Dies ist gerade in einer globalisierten Welt für die Unternehmen sehr wichtig. Darunter fällt z.B., im Inland bewährte Marketingstrategien aufzugeben und für eine Expansion, angenommen nach Osteuropa, eine völlig neue Marketingstrategie entwickeln und akzeptieren zu können.

Die sozialen Managementkompetenzen zeichnen sich durch weiche Faktoren aus. Bei der Qualitäts- und Effizienzsteigerung sollte der Coach darauf Wert legen, die Menschlichkeit zu beachten und den Coaching-Erfolg nicht nur an äußerlichen, wirtschaftlichen Erfolgszielen zu messen, sondern auch weiche Faktoren zu beachten, welche sich ebenfalls stark auf den Erfolg eines Unter-

---

[42] Art. 2 Abs. 1 Satz 1 GG (1949).
[43] Art 16 Abs. 1 Satz 1 Allgemeine Erklärung der Menschenrechte (1948).
[44] Vgl. Göbel (2006), S. 223.
[45] Vgl. Schreyögg (2003), S. 156f.

nehmens auswirken[46]. Beispielhaft sind hier Konfliktfähigkeit, Kommunikationsstärke, Kooperationsbereitschaft, Einfühlungsvermögen und Engagement zu nennen.

Neben der Steigerung der beruflichen Qualität und der Effizienz sind die Entwicklung und der Ausbau von vorhandenen Gestaltungspotentialen für Führungskräfte in Unternehmen ein besondere Ziele des Coachings, worauf im nächsten Kapitel eingegangen wird.

2.3.3.2 Entwicklung von Gestaltungspotentialen im Beruf

Anknüpfend an die sozialen Managementkompetenzen[47] ist der Ausbau und die Entwicklung von sozialen und individuellen Gestaltungspotentialen beim Coaching ein wichtiger Aspekt. Die Notwendigkeit ergibt sich z.B. aus der Unzufriedenheit mit der beruflichen Situation, Stress oder auch durch eine mögliche Kündigung[48].

Ziele sind dabei Krisensituationen zu bewältigen und die Situation des Cochees zu stabilisieren und ggf. neu abzugrenzen oder sogar neue Wirkungsfelder zu finden. Dabei sind die sozialen Managementkompetenzen sehr wichtig und diese gilt es erfolgreich einzusetzen und zu erweitern[49]. Schwerpunkt liegt hierbei auf einem effektiveren und humaneren Ausbau von Beziehungen, z.B. von Führungskräften zu den Mitarbeitern.

Gerade wenn von jungen Führungskräften neue Positionen besetzt werden, ist der Ausbau und die Erweiterung von sozialen und individuellen Gestaltungspotentialen essentiell, diese gilt es effektiv einzusetzen. Wenn die Führungskraft auf Widerstand der langjährigen Mitarbeiter stößt und starre Strukturen vorherrschen, kann es, ggf. durch die Unterstützung eines Coach, der Führungskraft ermöglicht werden, destruktive und für das Unternehmen gefährlichen Strukturen zu durchbrechen, wenn alternative Handlungsoptionen genutzt werden und die „weichen Faktoren" gewissenhaft und umfassend angewendet werden. Dies z.B. durch offene Dialoge und Humanität, also mitmenschliches Verhalten[50].

---

[46] Vgl. Schreyögg (2003), S. 155f.
[47] Vgl. Kapitel 2.3.3.1
[48] Vgl. Schreyögg (2003), S. 170.
[49] Vgl. Dehner/Dehner (2004), S. 27.
[50] Vgl. Schreyögg (2003), S. 171f.

Neben der Zieldefinition müssen in dem Coaching-Konzept wichtige Rahmenbedingungen erläutert werden. Das folgende Kapitel stellt die notwendigen Rahmenbedingungen für das Coaching dar.

2.3.4 Notwendige Rahmenbedingungen für das Coaching

Um den gesamten Coaching-Prozess erfolgreich durchführen zu können, bedarf es grundlegender Rahmenbedingungen, welche zu beachten und möglichst einzuhalten sind. Das Konzept erlangt nur Sicherheit und eine Grundstruktur, wenn bestimmte Rahmenbedingungen vorliegen, die eine erfolgreiche Durchführung sicherstellen[51]:

Neben materiellen und formalen Aspekten wie z.B. Terminsicherheit, gute Lernatmosphäre etc., sind hierbei auch ideelle Vorrausetzungen von großer Bedeutung um den Erfolg zu gewährleisten[52]. Wichtige ideelle Voraussetzungen können z.B. gegenseitige Akzeptanz, Vertrauen, Veränderungsbereitschaft oder auch Lernkultur sein.

Der Coach sollte immer dazu bereit und in der Lage sein, diese Rahmenbedingungen zu erläutern und zu begründen. Grundlegend sollte im Vorfeld geklärt werden unter welchen Bedingungen das Coaching erfolgreich verlaufen kann, und welche Kriterien ein Coaching schon im Vorfeld ausschließen. Weiterhin ist zu klären, welche fachlichen Voraussetzungen vom Coach, aber auch vom Coachee erwartet werden. Die zeitlichen, räumlichen, und finanziellen Aspekte sowie die Möglichkeiten der Verbindungsaufnahme und die Interaktionsmöglichkeiten müssen ebenfalls im Vorfeld klargestellt werden[53].

Weiterhin muss dem Coachee im Vorfeld, bei der Erklärung des Coaching-Konzepts, die Wirkungsweise von Coaching erläutert werden, damit die Hintergründe verstanden und nachvollzogen werden können. Die Wirkung des Coachings wird im nächsten Kapitel gargestellt.

2.3.5 Die Wirkung des Coachings

Coaching soll Veränderungen herbeiführen, Ziel ist die Managementkompetenzen und die Gestaltungspotentiale zu festigen und zu erweitern. Um die Wirkung des Coachings sicherzustellen, muss bei den Coachees eine Verhaltens-

---

[51] Vgl. Lenz/Ellebracht/Osterhold (2007), S. 127.
[52] Vgl. Dehner/Dehner (2004), S. 49.
[53] Vgl. Coaching-Report (Nr.1), (20.04.2010).

änderung stattfinden. Eine Aktivierung von eigenen Ressourcen muss erfolgen.[54]

Dazu müssen die Coachees über die drei Wirkungsebenen des Coachings aufgeklärt werden. Auf der einen Seite, um nachvollziehen zu können, wie das Coaching wirkt, auf der anderen Seite, um sich mental auf das Coaching vorbereiten zu können.

Die in der Abbildung 4 dargestellten Wirkungsebenen des Coachings -Wahrnehmung, Vertrauen und Wahlmöglichkeiten- werden in den folgenden Kapiteln genauer erläutert:

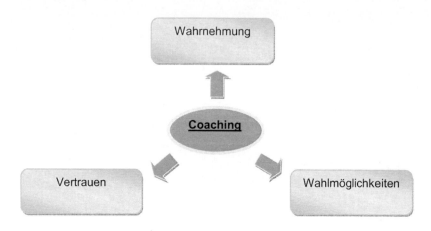

Abbildung 4: Die drei Wirkungsebenen des Coachings[55]

2.3.5.1 Wirkungsebene „Wahrnehmung"

Bei den Coachees wird durch die Einflussnahme des Coachs der Wahrnehmungshorizont erweitert. Durch Krisensituationen, in welchen die Coachees sich befinden, sind diese oftmals erhöhten Stresssymptomen ausgesetzt. Dieser Stress vermindert die Wahrnehmungsfähigkeit und daher werden viele Einflüsse, Optionen und Lösungswege nicht mehr durch die Coachees wahrgenommen[56].

Die Wahrnehmung der Coachees erfolgt oft ausschließlich bezogen auf die (Krisen-)Situationen, in welchen sich die Coachees befinden. D.h. die Wahr-

---
[54] Vgl. Schreyögg (2003), S. 181.
[55] Vgl. Meier/Szabo (2008), S. 13.
[56] Vgl. Linz (2009), S. 49.

nehmung wird kontextbezogen durchgeführt. Die kontextbezogene Wahrnehmung lässt sich an einem einfachen Beispiel verdeutlichen:

Abbildung 5: Das optische Quadrat[57]

Fast jede Person würde auf die Frage, was sie in der Abbildung 5 sieht antworten, dass sie ein Quadrat erkenne. Diese Schlussfolgerung erfolgt aus dem Kontext heraus. D.h., das Gehirn verknüpft die Wahrnehmung mit dem Zusammenhang. Die vier Striche werden kontextbezogen wahrgenommen und die Schlussfolgerung erfolgt nach einer Interpretation ihrer denkbaren Bedeutung. Ohne den Kontext zu betrachten, sind lediglich vier Striche abgebildet, doch während der Wahrnehmung wird der Sinn im menschlichen Gehirn hinterfragt. Die vier Striche alleine würden keine sinnvolle Bedeutung geben. Die Wahrnehmung und die damit verbunden Folgerungen und Interpretationen und Vereinfachungen erfolgen unbewusst und automatisch im Rahmen des menschlichen Wahrnehmungsprozesses. Ein weiteres Bespiel ist das Lesen eines Textes: Nicht die einzelnen Buchstaben werden betrachtet, sondern Worte werden wahrgenommen, welche einen Sinne und ein Format ergeben.

Bei von Stress geplagten Coachees, welche sich in komplexen Krisensituationen befinden, hat der Coach die Aufgabe, die Wirkung des Coachings zu steuern und strategisch einzusetzen. Es ist es für den Coach möglich, vorhandene Ressourcen der Coachees zu aktivieren. Z.B. kann der Coach den Coachee durch gezielte Fragestellungen aktivieren, neue, kontextunabhängige Denkansätze zu verfolgen. Oftmals sind die Stresssituationen so komplex und es wird lediglich rein kontextbezogen vom Coachee bei der Lösungsfindung vorgegangen. Hier kann der Coach z.B. im Gespräch den Coachee dazu bringen, sich vorzustellen, wie er in der Vergangenheit auf ähnliche Situationen reagiert hätte. So kann der Coachee eine Lage unabhängig von der Situation beurteilen,

---

[57] Vgl. Linz (2009), S. 48.

was durch eine Aktivierung der Aufmerksamkeit, und somit durch eine erweiterte Wahrnehmung erfolgt[58]

Im anschließenden Kapitel wird auf die Wirkungsebene „Wahlmöglichkeiten" eingegangen

2.3.5.2 Wirkungsebene „Wahlmöglichkeiten"

Die zweite, wichtige Wirkungsebene beim Coaching ist Ebene „Wahlmöglichkeiten". Der Coach muss den Coachee dazu bewegen, im eigenen Handlungsbereich die Auswahlmöglichkeiten von möglichen Handlungsoptionen zu erarbeiten, zu strukturieren und zu beurteilen, um anschließend die am besten geeignete Möglichkeit auswählen zu können. Dies dient der Flexibilisierung des Coachees und fördert somit den Veränderungsprozess[59].

Wenn z.B. der Coachee den Coach fragt, ob Lösungsweg A oder B richtig sei, kann der Coach das Coaching so leiten, dass auch weitere, bessere Alternativen vom Coachee erkannt werden und in die Beurteilung mit einfließen. Hierbei ist das Ziel, das Bewusstsein über weitere Wahlmöglichkeiten beim Coachee zu fördern und eine aktive Steuerung der eigenen Handlungen zu erreichen. Dies geschieht durch die Stärkung seiner Aufmerksamkeit und über eine erweiterte Wahrnehmung. Hier ist erkennbar, dass die drei Wirkungsebenen interdependent sind.

Die letzte der drei Wirkungsebenen, „Vertrauen", wird im folgenden Kapitel dargestellt.

2.3.5.3 Wirkungsebene „Vertrauen"

Die dritte zentrale Wirkungseben von Coaching ist „Vertrauen". Vertrauen in sich selbst, Vertrauen in die eigenen Fähigkeiten. Durch Coaching wird ein Aufbau des Vertrauens in die eigenen Handlungskompetenzen ermöglicht[60].

Nur wer in sich selbst vertraut, kann Veränderungsschritte erfolgreich durchführen. Das Selbstvertrauen ist hierbei der Schlüssel für die Nutzung der eigenen Kompetenzen und Ressourcen[61]. Durch eine gezielte Gesprächslenkung kann der Coach das Vertrauen in die eigenen Fähigkeiten stärken. Z.B. durch Fragen an den Coachee über seine erfolgreiche Herangehensweisen an Probleme in

---

[58] Vgl. Meier/Szabo (2008), S. 13.
[59] Vgl. Müller (2006), S. 16.
[60] Vgl. Schreyögg (2003), S. 179.
[61] Vgl. Meier/Szabo (2008), S. 14.

der Vergangenheit. Somit kann der Coachee sein Potential selber (wieder)erkennen und gewinnt das Vertrauen in sich selbst zurück.

Der Wirkungszusammenhang zwischen dem neu erlangten Vertrauen, einer verbesserten, kontextunabhängigen Wahrnehmung und einem gestärkten Bewusstsein über die möglichen Wahlmöglichkeiten, kann zu einem Erfolg im Coaching-Prozess führen.

Eine wichtige Bedeutung im Coaching-Prozess hat weiterhin die Rolle des Coachs. Die Anforderungen an einen Coach sind sehr umfassend: Der Coach muss über bestimmte Qualifikation und Kompetenzen verfügen, um ein Coaching erfolgreich gestalten zu können. Die notwendigen Qualifikationen und Kompetenzen des Coachs werden im folgenden Kapiteln dargestellt.

2.3.6 Qualifikation und Kompetenzen des Coachs

Im Rahmen des Coaching-Konzeptes ist es wichtig, auf die Qualifikationen des Coachs einzugehen. Dies ist bei der Auswahl des Coachs durch Unternehmen oder individuelle Coachees essentiell, um qualitativ hochwertige Coachs zu finden. Die Wahl des Coachs erfolgt in der Regel auf Empfehlungen innerhalb eines Netzwerkes oder auch durch Publikationen in Fachbüchern oder Fachzeitschriften[62]. Es ist Transparenz gefragt, Auswahlkriterien müssen bekannt sein, um eine qualitative Auswahl treffen zu können. In den folgenden Kapiteln werden die anzustrebenden Kompetenzen eines Coachs erläutert. Diese lassen sich in psychosoziale, fachliche und persönliche Kompetenzen unterteilen. Hervorzuheben ist, dass die dargestellten Fähigkeiten selten in einer Person vereinigt sind. Es handelt sich hierbei um Idealqualifikationen. In der Praxis wird einer Spezialisierung auf bestimmte Bereiche vorgenommen.

2.3.6.1 Psychosoziale Kompetenzen

Der Coach sollte über psychologische Grundkenntnisse verfügen und psychosoziale Kompetenzen vorweisen können, um die Wirkungsebenen des Coachings[63] zur Geltung zu bringen und somit den Coaching-Prozess effektiv zu gestalten.

---

[62] Vgl. Schreyögg (2003), S. 131.
[63] Vgl. Kapitel 2.3.5.

Die psychosozialen Kenntnisse setzen sich aus folgenden Teilkompetenzen zusammen:

Kenntnisse der Organisationspsychologie bilden die Grundlage für den Coach, um sowohl die Entwicklungsphasen eines Individuums, als auch das Verhalten und Prozesse in Gruppen und Organisationen zu analysieren[64].

Die psychotherapeutische Intervention stellt die Basis für eine problembezogene Gesprächsführung dar. Weiterhin fällt hierunter die Transaktionsanalyse, also die Förderung der Veränderung, Entwicklung und Akzeptanz der eigenen Persönlichkeit[65].

Die psychologischen Interventionsmethoden, in denen der Coach Handlungssicherheit haben sollte, sind Problemlösungsmethoden, Selbstmanagement, Kommunikationstechniken, Konflikt- und Stressbewältigung und Kreativitätstechniken.

Im anschließenden Kapitel werden die fachlichen Kompetenzen aufgezeigt, über welche der Coach im optimalen Fall verfügen sollte.

2.3.6.2 Fachliche Kompetenzen

Der Schwerpunkt liegt hier auf den betriebswirtschaftlichen Feldkompetenzen. Hierzu gehören die Kenntnisse betriebswirtschaftlicher Abläufe und Gegebenheiten, auch das Fachverständnis für Managementprozesse.

Weiterhin sind der Umgang und die Erfahrungen mit betriebswirtschaftlichen Instrumenten und die Kenntnis gängiger Führungskonzepte erforderlich. Die Gesamtheit von Führungsaufgaben, -organisation, -techniken und -mitteln für die Initiierung, Definition, Planung, Steuerung und den Abschluss von Projekten sollte dem Coach ebenfalls geläufig sein[66].

Die Kenntnis des betrieblichen Umfeldes und seiner Funktionsträger, z.B. Geschäftsführung, Abteilungsleiter, Betriebsrat, Gewerkschaftsfunktionären ist ebenfalls für einen Coach wichtig.

Neben den psychosozialen und betriebswirtschaftlichen Kompetenzen sind auch die persönlichen Kompetenzen des Coachs gefragt, um den Coaching-

---

[64] Vgl. Böhnke/von Rosenstiel (2005), S. 132.
[65] Vgl. Tenorth/Tippelt (2007), S. 720.
[66] Vgl. Rauen (1999), S. 151.

Prozess erfolgreich zu gestalten. Auf die persönlichen Kompetenzen wird im folgenden Kapitel eingegangen.

2.3.6.3 Persönliche Kompetenzen

Die in den vorherigen Kapiteln erläuterten psychosozialen und wirtschaftlichen Fachkompetenzen stellen essentielles „Handwerkszeug" eines professionellen Coachs dar. Weiterhin sind die persönlichen Fähigkeiten unverzichtbar. Nur die Kompetenzkombination der zwei bereits dargestellten Qualifikationen in Verbindung mit den im Folgenden dargestellten persönlichen Kompetenzen bildet die Grundlage für ein erfolgreiches und qualitativ hochwertiges Coaching.

Nicht ausschließlich reines Fachwissen zeichnet einen professionellen Coach aus. Persönliche Kompetenzen, welche nicht durch ein direktes Ausbildungsverfahren erlernt werden können, ermöglichen erst den Erfolg des Coachings. Fachwissen ohne persönliche Kompetenzen und Erfahrungen disqualifizieren einen Coach im Auswahlprozess[67].

Der Ausdruck der eigenen Persönlichkeit des Coachs ist sehr wichtig. Der Coach muss über Selbst-, Lebens- und Berufserfahrung verfügen und die Fähigkeit besitzen, eine Stärken-/Schwächenanalyse bei sich selbst durchführen zu können, also die Fähigkeit zur realen Selbsteinschätzung besitzen[68]. Aufmerksamkeit, die Fähigkeit zuhören zu können, Empathie, emotionales Einfühlungsvermögen und Glaubwürdigkeit, aber auch Autorität und absolute Verschwiegenheit runden die persönlichen Fähigkeiten des Coachs ab[69].

Im Gesamtrahmen eines Coaching-Konzepts ist weiterhin die Rolle des Coachs zu betrachten. Diese Betrachtung folgt im nächsten Kapitel.

2.3.7 Die Rolle des Coachs

Die Beratung von Führungskräften und Personen mit Managementaufgaben bildet den Schwerpunkt von Coaching in der Personalentwicklung. Coaching kann durch einen organisationsinternen oder externen Coach durchgeführt werden. Hierbei handelt es sich entweder um einen selbständigen Coach oder um einen bei einer Unternehmensberatung angestellten Coach. Bei dem Einsatz eines internen Coachs, kann die Rolle von einer Linienstelle, z.B. einem

---

[67] Vgl. Rauen (1999), S. 152.
[68] Vgl. Schreyögg (2002), S. 31.
[69] Vgl. Böhnke/von Rosenstiel (2005), S. 132f.

Vorgesetzten, oder einer Stabsstelle, z.B. einem Personalentwickler wahrgenommen werden[70]. Die folgende Abbildung veranschaulicht diesen Zusammenhang:

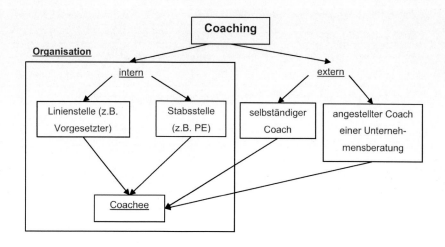

Abbildung 6: Die verschiedenen Arten von Coachs[71]

Wenn Coaching durch eine Linienstelle, z.B. durch einen Vorgesetzten durchgeführt wird, ist zu beachten, dass es nur in eingeschränktem Umfang zum Einsatz kommen kann: Freiwilligkeit und Unabhängigkeit sind oft nicht gegeben und die ganzheitliche Betrachtung von sowohl beruflichen, als auch privaten Themen ist aufgrund der hierarchischen Beziehung nicht möglich[72].

Bei einem internen Coaching, z.B. durch eine Stabsstelle, besteht mehr Flexibilität aufgrund des nicht vorhandenen direkten Unterstellungsverhältnisses. Es liegen jedoch auch hier Abhängigkeiten vor. Die Verfolgung von betrieblichen Zielen steht oft im Vordergrund. Zielkonflikte zwischen den eigenen und den Interessen des Coachees können existieren.

Die geringeren Kosten und die genauen Kenntnisse der Organisation sind Vorteile bei Coachings durch interne Coachs.

---

[70] Vgl. Mayerl/Jasorka (2007), S. 22.
[71] Vgl. Rauen (1999), S. 44.
[72] Vgl. Migge (2007), S. 26.

Dies kann jedoch auch zu „Betriebsblindheit" führen[73]. Um ein wirksames und erfolgreiches Coaching gewährleisten zu können, ist es bei komplexen Coaching-Themen stets von Vorteil, auf externe Coachs zurückzugreifen.

Zum Abschluss des Kapitels „Coaching-Konzept" wird im folgenden Kapitel der Coaching-Prozess erläutert und dargestellt.

2.3.8 Der Coaching-Prozess

Um in komplexen Beratungssituationen die Orientierung zu behalten und den Coaching-Prozess kontrollieren und steuern zu können, ist es wichtig, dass der Prozessablauf im Rahmen des Coaching-Konzepts dargestellt wird. Im Folgenden wird ein beispielhafter Coaching-Prozess dargestellt. Dieser ist individuell an jedes Coaching anzupassen und besitzt keine Allgemeingültigkeit. In der folgenden Abbildung sind die fünf grundlegenden Phasen eines Coaching-Prozesses dargestellt:

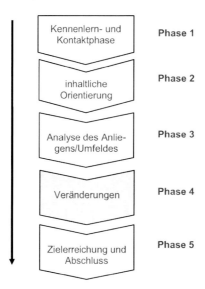

Abbildung 7: Der schematische Ablauf eines Coaching Prozesses[74]

Die erste Phase ist das erste Kennenlernen und beginnt mit der Kontaktaufnahme: In dem Vorgespräch schildert der potentielle Coachee seine Gründe, warum er eine professionelle Beratung benötigt und seine Erwartungen an das Coaching. Der Coach erläutert sein Vorgehensmodell. Die Grundlage für die

---
[73] Vgl. Migge (2007), S. 26.
[74] Vgl. Birgmeier (2005), S. 93.

Beratungsbeziehung wird gelegt. Am Ende der ersten Phase entscheidet der potentielle Coachee, ob ein Coaching für ihn angemessen und sinnvoll ist[75].

Die zweite Phase dient der inhaltlichen Orientierung und bildet die Grundlage für die anschließend folgende Analysephase[76]. Das weitere Vorgehen wird geklärt und die erste Grobsichtung der Anliegen des Coachees wird vorgenommen. Diese oberflächige Betrachtung ist wichtig für eine inhaltliche Vertiefung in den anschließenden Phasen. Weiterhin wird die Beratungsbeziehung zwischen dem Coach und dem Coachee ausgebaut.

In der dritten Phase ist das Ziel, die Ist-Situation genau zu beschreiben. Dies geschieht aufbauend auf der ersten, oberflächigen Orientierung aus Phase zwei[77]. Hier wird das eigentliche Anliegen des Coachees herausgearbeitet und Ziele des Coaching-Gesprächs werden im Anschluss fixiert. Dies ist notwendig, um eine effektiven Veränderungsprozess zu fördern.

Die vierte Phase ist die bedeutsamste Phase innerhalb des Coaching-Prozesses: Es finden Veränderungen statt und werden sichtbar. Hier werden im Gegensatz zur dritten Phase konkrete Maßnahmen und die notwendigen Ziele thematisiert[78]. Der Coachee sollte ist im Rahmen einer Prozessberatung ständig aktiv an konkreten Lösungsmöglichkeiten mitwirken und diese forcieren. Der Coachee formuliert gemeinsam mit dem Coach seine Ziele, der Coach ist für den Prozess der Zielerreichung zuständig und greift dabei auf sein Methodenrepertoire zurück[79]. Dies ist effektiver als eine ausschließliche externe Beratung. Gemeinsam mit dem Coach ist Selbstreflexion wichtig.

Die fünften Phase bildet den Abschluss eines Coaching-Prozesses. Hier wird der Coaching-Prozess ausgewertet und ein ausführliches Feedback gegeben. Ein Rückblick und ein Ausblick in die Zukunft finden statt. Das Gelernte und Verhaltensänderungen werden festgehalten und ausführlich besprochen, die Motivation für die Zukunft wird durch dieses Feedback beim Coachee gefestigt. Somit kann der Coach wichtige Schlussfolgerungen für sein eigenes Handeln treffen und erkennen ob er seine Interventionsmethoden verbessern, bzw. zielgerichteter anwenden muss.

---

[75] Vgl. Birgmeier (2005), S. 92.
[76] Vgl. Coaching-Report (Nr.4), (30.04.2010).
[77] Vgl. Neges/Neges (2008), S. 34.
[78] Vgl. König/Volmer (2003), S. 42.
[79] Vgl. Neges/Neges (2008), S. 38.

Klare Abgrenzungen zu ähnlichen Disziplinen sind beim Coaching zu vollziehen. Die wichtigsten Abgrenzungen werden in den nächsten Kapiteln durchgeführt.

2.4 Abgrenzung des Coaching von anderen Disziplinen

Mit der Abgrenzung soll das Alleinstellungsmerkmal des Coachings hervorgehoben und der Begriff „Coaching" vor der Verallgemeinerung und somit der Verwendung als „Container-Begriff" geschützt werden[80]. In der Praxis existieren viele dem Coaching ähnliche Disziplinen. Im Folgenden werden drei andere Methoden vom Coaching abgegrenzt. Der Fokus liegt hierbei auf der *Supervision*, dem *Mentoring* und der *Psychotherapie*. Diese drei Methoden werden in der praktischen Anwendung sehr oft mit dem Coaching gleichgestellt oder sogar als Synonym zum Coaching verwendet. Daher werden in den folgenden Kapiteln klare Unterscheidungsmerkmale der oben genannten Disziplinen dargestellt.

2.4.1 Abgrenzung zu Supervision

Die Supervision ist ein verwandtes Konzept zum Coaching. Viele Ähnlichkeiten bestehen zwischen Coaching und Supervision. Es liegen zum Teil fließende Grenzen vor.

Coaching und die Supervision werden eingesetzt, wenn starker Reflexionsbedarf vorliegt und Beratungsbedarf bei Organisations- und Arbeitsproblemen gegeben ist, welche z.B. durch die stark wachsende Komplexität der Arbeitsaufgaben und dem Wegfall von hierarchischer Organisationsstrukturen hervorgerufen werden[81]. Eine Gemeinsamkeit besteht darin, dass berufliche Handlungsprozesse optimiert werden sollen[82].

Die Rolle des Beraters ist stets die des Gesprächspartners und Zuhörers. Ein Beziehungsaufbau mit Rollengestaltung und Analyse der Wahrnehmung ist Ziel von Coaching, als auch von der Supervision[83].

Diese Gemeinsamkeiten dürfen nicht von den unterschiedlichen Zielen ablenken. Die Hauptunterschiede der beiden Beratungsdisziplinen liegen in der Entstehungsgeschichte. Die verschiedenartigen Traditionen der beiden Disziplinen sind Grund für die klar differenzierten Zielabsichten. Die Anfänge der Supervisi-

---

[80] Vgl. Böning/Fritschle (2005), S. 30.
[81] Vgl. Buchinger/Klinkhammer (2007), S. 23f.
[82] Vgl. Migge (2007), S. 25.
[83] Vgl. Rauen (1999), S. 66.

on waren ausschließlich in dem Non-Profit Bereich wiederzufinden[84]. Der Ursprung lag in den helfenden Berufen. Hier speziell im Sozial-, Gesundheits-, und Bildungswesen sowie im öffentlichen Dienst.

Erst seit kurzer Zeit ist die Supervision auch im Profit-Bereich vertreten, der Haupteinsatzbereich liegt dort auf freiberuflichen Berufsgruppen wie z.B. Anwälten, Psychologen oder Ärzten, aber auch im sportlichen Bereich und in der Industrie[85]. Es hat sich herausgestellt, dass im wirtschaftlichen Bereich ebenso Beratungs- und Reflexionsbedarf vorliegt[86]. Hierbei liegt der Fokus auf der gezielten Veränderung von einzelnen Personen, wobei die Förderung von sozialen Kompetenzen dabei den Kern darstellt und nicht, wie im Coaching, die Lösung von wirtschaftlichen Herausforderungen. Supervision kommt zum Einsatz, wenn z.B. die Reflexion einer gegebenen beruflichen Situation gefordert ist, ohne dabei jedoch dringliche Probleme lösen zu wollen.

In der Praxis, besonders im wirtschaftlichen Bereich, wird die Supervision oft unter dem Begriff des „Coachings" angeboten. Dies hat den Hintergrund, dass der Supervision das Image der helfenden Berufe anhaftet, was sich negativ auf die Akzeptanz von Supervision in der Zielgruppe der Führungskräfte auswirkt. Diese sehen sich als dynamische Leistungsträger, welche es als selbstverständlich betrachten, in der Ausübung ihrer Tätigkeit keine Hilfe in Anspruch nehmen zu müssen. Wenn überhaupt, dann Hinweise zur weiteren Steigerung ihrer Leistung.

Wird erkannt, dass eine Reflexionsberatung benötigt wird bzw. sich als sinnvoll darstellt, ist es für den Coach nicht förderlich, diese Maßnahmen unter einem Begriff zu verwenden, welcher mit Hilfebedürftigkeit assoziiert wird. Unter der Zuhilfenahme eines passenden Begriffs wie „Coaching", welcher eng verbunden ist mit der professionellen Förderung von Hochleistungen z.B. im sportlichen Bereich[87], ist die Akzeptanz von der Supervision im wirtschaftlichen Bereich annehmbar[88].

Coaching fand seinen Ursprung im Profit-Bereich und findet fast ausschließlich dort Anwendung. Hauptsächlich wiederzufinden ist Coaching in Unternehmen und Verwaltungssystemen, der Zielfokus liegt dabei auf der Optimierung von

---

[84] Vgl. Petzold et al. (2003), S. 157f.
[85] Vgl. Belardi (2005), S. 49.
[86] Vgl. Buchinger/Klinkhammer (2007), S. 28.
[87] Vgl. Kapitel 2.1.
[88] Vgl. Buchinger/Klinkhammer (2007), S. 29.

kompletten Organisationsstrukturen[89]. Dabei ist Coaching stark ergebnisorientiert. Beim Coaching kommen auch Verfahren der Supervision zum Einsatz, die Supervision fließt stark in das Coaching ein. Der grundlegende Unterschied des Coachings zur Supervision ist jedoch, dass darauf abgezielt wird, fachliche Defizite in Form von sachlichen und konzeptionellen Managementkompetenzen abzustellen[90].

Im Coaching werden spezifische Kompetenzen aufgebaut und gefördert. Dafür sind Feldkompetenzen und wirtschaftliche Fachkenntnisse des Coachs unumgänglich. Demgegenüber hat der klassische Supervisor diese wirtschaftlichen Kompetenzen nicht, wobei es Ausnahmen gibt[91]. Die Zusammensetzung aus psychologischer Beratung und fachlicher Kompetenz steigert die Attraktivität des Coachings für die Zielgruppe der Führungskräfte. Der Coach teilt die Feldkompetenzen mit den Klienten/ innen.

Die zweite Disziplin, die vom Coaching abgegrenzt werden sollte, um der Verwendung des Begriffs Coaching als „Container-Begriff"[92] vorzubeugen, ist Mentoring. Die Abgrenzung wird im folgenden Kapitel durchgeführt.

2.4.2 Abgrenzung zu Mentoring

In der griechischen Mythologie galt Mentor als Freund des Odysseus. Bevor Odysseus in seine Abenteuer zog, ferner in den Kampf um Troja, übertrug Odysseus die Vormundschaft für seinen Sohn Telemach an Mentor[93]. Die Reise dauerte zehn Jahre[94]. Als Odysseus aus dem Krieg heimkehrte, war aus seinem Sohn unter Leitung des Mentors ein Mann geworden.

Aus dieser griechischen Sage kann man die Bedeutung des Mentorings ableiten und wichtige Interpretationen und für die heutige Bedeutung des Mentorings sind möglich: Ein Mentor bezeichnet eine höherrangige und einflussreiche Person im Arbeitsumfeld einer Nachwuchskraft, die über vielfältige berufliche Erfahrung verfügt. Ziel ist die Förderung und Unterstützung der Nachwuchskraft in der beruflichen Entwicklung[95].

---

[89] Vgl. Schreyögg/Schmidt-Lellek (2007), S. 91.
[90] Vgl. Schreyögg/Schmidt-Lellek (2007), S. 92.
[91] Vgl. Buer/Siller (2004), S. 126.
[92] Vgl. Böning/Fritschle (2005), S. 30.
[93] Vgl. Brockhaus (2006), S. 266.
[94] Vgl. Hölscher (2000), S. 136.
[95] Vgl. Coaching-Report (Nr.5), (12.04.2010).

Zwischen Coaching und Mentoring sind daraus folgend Unterscheidungen zu treffen. Mentoring baut auf eine eher informelle Beziehung, welche zeitlich nicht begrenzt sein muss [96]. Der Lernfokus und die Integration von Mitarbeitern/-innen in ein Unternehmen oder eine Organisation steht beim Mentoring im Vordergrund, wohingegen beim Coaching die Leistungsoptimierung und Prozessberatung neben der Integrationsfunktion im Vordergrund steht.

Dies bedeutet, dass der Fokus beim Mentoring auf dem Lernen liegt, nicht auf der Leistungsoptimierung wie es beim Coaching der Fall ist[97]. Mentoring beantwortet die Frage nach dem „Warum", Coaching beantwortet dahingegen die Frage nach dem „Was und „Wie"[98].

Die Interessen der Organisation stehen im Vordergrund bei Mentoring. Daraus lässt sich schließen, dass Mentoring nicht die Neutralität des Coachings, das oft von externen Personen durchgeführt wird, beinhaltet. Die Absicht eines erfahrenen Organisationsmitgliedes in der Rolle als Mentor ist, die Mitarbeiter/ -innen langfristig an die Organisation zu binden, eine vollkommene Integration zu vollziehen und Reibungsprobleme zu minimieren. Letztendliches Ziel ist die Fluktuationskosten zu minimieren[99].

Weiterhin sind die unterschiedlichen Kostenfaktoren der beiden Disziplinen zu betrachten. Durch Mentoring fallen lediglich organisationsinterne Kosten an, welche bedingt sind durch den Zeitbedarf, die Verpflichtung und das Engagement für die Beratung durch den Mentor, als auch der Mentees[100].

Die Kosten, welche beim Coaching bei der Zuhilfenahme durch externe Berater anfallen, können im Vergleich dazu sehr hoch sein. Für externes Coaching ist gemäß des Gerichtsurteils des Amtsgericht Karmen vom 06.Mai.2005 (12 C 519/03) für Unternehmen durchschnittlich mit einem Nettostundensatz zwischen 115 Euro und 300 Euro zu rechnen[101]. In der Praxis werden jedoch, abhängig von den Rahmenbedingungen und der Qualität der Beratung, durchaus höhere Nettostundensätze angesetzt. „Rauen-Coaching" z.B. gibt als An-

---

[96] Vgl. Nigro (2008), S. 38.
[97] Vgl. Marquardt/Loan (2006), S. 50.
[98] Vgl. Rotering-Steinberg (2009), S. 47.
[99] Vgl. Coaching-Report (Nr. 6), (12.04.2010).
[100] Vgl. Luecke (2004), S. 81.
[101] Vgl. Bundesverband Deutscher Unternehmensberater (12.04.2010).

halt 300 Euro bis 600 Euro Nettostundensatz zuzüglich Spesen an, wobei darauf hingewiesen wird, dass die Kosten oft höhere Spannweiten haben[102].

Weiterhin sind klare Unterscheidungen zwischen Coaching und der Psychotherapie ist zu nennen. Die werden im folgenden Kapitel dargestellt.

2.4.3 Abgrenzung zu Psychotherapie

Psychotherapie und Coaching sind grundverschiedene Interventionsmethoden. Trotzdem gibt es Überschneidungen wenn z.b. ausgebildete Psychotherapeuten/- innen als Coachs fungieren oder Cochees -als Ratsuchende- als Klienten bezeichnet werden.

Psychotherapie ist ein Verfahren um Krankheiten zu heilen. Es wird verwendet um z.B. Alkohol- oder Medikamentenabhängigkeit, psychische Erkrankungen zu behandeln oder die therapeutische Aufarbeitung der gesamten Lebensgeschichte eines Menschen durchzuführen[103]. Ursachenanalyse ist bei der Psychotherapie primär die Hauptherangehensweise. Hierbei ist die Tiefenanalyse von Problemen gefragt und schwere psychische Probleme stehen im Vordergrund. Dies geschieht über einen langen Zeitraum und der Ablauf dabei wird von dem Therapeuten bestimmt, welcher auch die Verantwortung übernimmt. Das ist Aufgabe von entsprechend ausgebildeten Psychotherapeuten.

Coaching hingegen ist ein Beratungsverfahren. Hier werden Herausforderungen der Arbeitswelt aufgegriffen und thematisiert. Es liegt eine geringe emotionale Tiefe bei der Thematisierung vor[104].

Die Kosten für die Behandlung einer notwendigen psychologischen Behandlung werden in den meisten Fällen durch die Krankenkassen übernommen[105]. Im Gegensatz dazu sind die Kosten, welche für ein Unternehmen für die Durchführung von Coaching anfallen, sehr hoch und belasten das Unternehmen direkt[106].

Coaching wird primär berufsbezogen angewendet, trotzdem werden oft persönliche Themen mit einbezogen. Coaching ist genau wie die Psychotherapie ein Verfahren, um eine Wahrnehmungs- und Verhaltensveränderung der Coachees zu erzielen, was durch die Eigenkompetenz der Beteiligten erreichbar ist. Die professionelle Beziehungsaufnahme ist sowohl die Grundlage für ein erfolgrei-

---

[102] Vgl. Coaching-Report (Nr. 6), (12.04.2010).
[103] Vgl. Schreyögg/Schmidt-Lellek (2007), S. 137.
[104] Vgl. Rauen (1999), S. 68.
[105] Vgl. Grimmer/Neukom (2009), S. 61.
[106] Vgl. Kapitel 2.4.2.

ches Coaching, als auch für die Psychotherapie. Somit ist der Coach damit konfrontiert, Parallelen zwischen seinen Feldkompetenzen im wirtschaftlichen Bereich und den Themengebieten zu ziehen, welche eigentlich in die Aufgabengebiete eines/ einer Therapeuten/ -in fallen bzw. muss der Coach auf Methoden und Verfahren zurückgreifen, welche aus der psychotherapeutischen Richtung abstammen[107]. Der Coach muss auf den Coachee eingehen können und entscheiden, ob Interventionen oder aber eine Aktivierung von eigenen zielführenden Ressourcen beim Coachee notwendig sind, also die Motivation zu eigenem Handeln beim Klienten angeregt werden muss[108]. Wechselbeziehungen zwischen der Organisation und der zu beratenden Person können somit durch das Coaching thematisiert werden.

Dies darf jedoch nicht zu der Annahme führen, Psychotherapie verhelfe sich unter einem Pseudonym Zugang zu den Klienten[109].

In der aktuellen Praxis wird von der Hauptzielgruppe des Coachings, den Führungskräften, oft versucht, sich bei seelischen Problemen einem Coaching zu unterziehen und somit Hilfe für das Problem in Anspruch zu nehmen. Die Behandlung von seelischen Befindlichkeitsstörungen und einer lösungsversprechenden Therapie durch einen geschulten Psychotherapeuten wird dahingegen als abnorm empfunden. Gründe dafür sind z.B. die Angst, Schwäche gegenüber den Mitarbeitern/-innen oder Vorgesetzten zeigen zu müssen. Die psychologischen Probleme werden nicht als von außen auferlegtes Schicksal, wie z.B. bei einer Verletzung durch einen Unfall, charakterisiert, sondern die Ursache wird bei der Person selber gesucht, bzw. wird diese Person dafür selber zur Verantwortung gezogen. Mit einer psychotherapeutischen Behandlung wird oft Belastungsunfähigkeit, die Furcht vor Imageschäden oder sogar eine mögliche Kündigung assoziiert[110].

Coaching hingegen wird hingegen sowohl vom Coachee, als auch von den Vorgesetzten und Mitarbeitern als positives Engagement verstanden[111]. Der Coach sollte in „schweren Fällen" (Depressionen, Psychosen etc.), wenn eine psychologische Therapie notwendig ist, darauf hinweisen und ggf. auf dafür

---

[107] Vgl. Lippmann (2009), S. 34.
[108] Vgl. Heß/Roth (2001), S. 22.
[109] Vgl. Heß/Roth (2001), S. 21.
[110] Vgl. Grimmer/Neukom (2009), S. 183.
[111] Vgl. Schreyögg/Schmidt-Lellek (2007), S. 138.

spezialisierte Therapeuten/ -innen oder Einrichtungen verweisen oder bei der Suche nach geeigneten Stellen behilflich sein[112].

Im folgenden Kapitel wird auf Mobile-Coaching als besondere Form des Coachings eingegangen.

---

[112] Vgl. Rauen Coaching (13.04.2010).

3 Mobile Coaching

In dem ersten und zweiten Teil der Arbeit wurden Grundlagen, Definitionen und wichtige Elemente des Coaching aufgezeigt. Die Entwicklung der elektronischen Medien bietet dem Coaching neue Möglichkeiten. Zum traditionellen Präsenzcoaching kommen neue Formen des Coaching hinzu. In diesem Teil der Arbeit werden die Möglichkeiten, Perspektiven und die Entwicklungen, welche sich im Rahmen von der Entwicklung der elektronischen Kommunikation bieten, aufgezeigt: Zuerst wird der Wandel hin zu den „Neuen Medien" dargestellt. Anschließend wird auf die Grundlagen des Mobile-Coaching eingegangen sowie Vor- und Nachteile von Mobile-Coaching gegenüber Face-to-Face Coaching erläutert. Im Anschluss werden die zeitversetzte, zeitgleiche und hybride Kommunikation beschrieben und es folgt eine Darstellung und Analyse der Mobile-Coaching-Plattform „coach/on" der Unternehmensberatung „Movendo".

3.1. Wandel in der Lehre zu „Neuen Medien"

Der Einsatz neuer Kommunikations- und Informationstechnologien bietet viele neue Möglichkeiten für die Gestaltung von Coaching-Settings. Die neuen Medien und die damit verbundenen Optionen stellen eine neue Bildungs- und Kommunikationsform dar. Die Grundlage und zentrale Bedeutung bei der Nutzung der neuen Medien ist der Computer. Der Computer transportiert die Informationen, übernimmt die Rolle des Vermittlers in Coaching-Prozessen und stellt die Ressourcen für eine Lernumgebung bereit[113].

Neue Perspektiven für die Gestaltung von Coaching-Prozessen ergeben sich aus der Entwicklung multimedialer Systeme. Hier ist eine fortschreitende Systementwicklung zu verzeichnen. Der Einsatz neuer, zeitbasierter Software und Ein- und Ausgabegeräten, fordert eine Berücksichtigung wahrnehmungspsychologischer, besonders der sensomotorischen Fähigkeiten der Anwender gegenüber den herkömmlichen Medien[114]. Die Entwicklung komplexer zeitbasierter, visueller und auditiver Medien bietet für das Coaching neue Chancen und Perspektiven in Form von webbasierten Kommunikationswerkzeugen und multimedialen Lernwelten.

Die „Neuen Medien" bieten neue Perspektiven, stellen aber auch neue Anforderungen an die Nutzer. Die jungen Generationen, Personen bis zum 30. Lebensjahr, der Gesellschaft, welche multimedial aufwächst, hat keine Probleme in der

---

[113] Vgl. Kißner (1999), S. 59.
[114] Vgl. Herczeg (2007), S. 177.

Anwendung der neuen Kommunikationstechniken. Die gesamtgesellschaftliche Entwicklung ist zu betrachten. Die Menschen heute leben 30 Jahre länger als noch vor 100 Jahren[115]. Die gesellschaftliche Struktur verändert sich, in wenigen Jahren werden primär Arbeitnehmer/- innen ab 50 Jahren dem Arbeitsmarkt zur Verfügung stehen[116]. Diese sind nicht multimedial aufgewachsen und haben teilweise Schwierigkeiten, die „Neuen Medien" zu akzeptieren und sich erfolgreich damit auseinander zu setzen. Diese Generation bietet hohes Erfahrungspotential und ist für die Unternehmen essentiell. Die Personalentwickler der Unternehmen sind hier gefragt Akzeptanzprobleme zu vermeiden und ausreichende Schulungsmaßnahmen zu Heranführung an die „Neuen Medien" sicherzustellen.

Im folgenden Kapitel werden die Grundlagen von Mobile-Coaching dargestellt.

3.2 Grundlagen Mobile-Coaching

Die neue Art und Weise der Beratung ist bedingt durch die ständig wachsenden Herausforderungen an Flexibilität und Mobilität. Bei dieser Form des Coaching kommuniziert der Coach mit dem Coachee mit elektronischen Mitteln. Teilprozesse oder der gesamte Beratungsprozess erfolgen beim Mobile-Coaching über elektronische Medien. Die Kommunikation wird über das Internet oder über andere Datenübertragungswege, z.B. über einen speziell eingerichteten Daten-Kanal[117], abgewickelt. Das Mobile-Coaching kann z.B. über Telefon, Internet-Telefonie, Webplattformen, E-Mail, Internet-Chat, oder Videokonferenz durchgeführt werden. Die Nachfrage der neuen Kommunikationstechnologien steigt zunehmend. Die Zahl der Internetanwender ist in den vergangen Jahren schnell angestiegen. Mehr als die Hälfte alle Deutschen verwendet täglich das weltumspannende Datennetz[118]. Naheliegend ist, das weltweite Computernetz nicht nur zu nutzen, um zu zum chatten, zu surfen, online einzukaufen oder E-Mails zu verschicken, sondern Bildungsprozesse in der Personalentwicklung von Unternehmen mit den Möglichkeiten des Internets zu fördern.

Wichtig ist die Abgrenzung von Mobile Coaching zu E-Learning. Die Abgrenzung von Mobile-Coaching zu E-Learning wird im folgenden Kapitel dargestellt.

---

[115] BMFSFJ (24.05.2010).
[116] Vgl. Endsbiller (2009), S. 35.
[117] Vgl. Mayerl/Jasorka (2007), S. 45.
[118] Vgl. Meier (2006), S. 43.

3.2.1 E-Learning und Mobil-Coaching

E-Learning umfasst alle Formen von Lernen, bei denen digitale Medien für die Verteilung und Präsentation von Lehrmaterialien und die zwischenmenschliche Kommunikation zum Einsatz kommen. Grundlage des E-Learning ist die Bereitstellung und Auswahl von Lerninhalten mit gleichzeitiger Nutzung von Materialien zur Lernbedarfsermittlung und Lernerfolgskontrolle. Die Lerninhalte des E-Learning sind im Unterschied zum Mobile-Coaching didaktisch vorstrukturiert. Mobile-Coaching hingegen ist Prozessberatung als „Hilfe zur Selbsthilfe"[119], Selbstreflexion steht beim Mobile-Coaching im Vordergrund[120], die Inhaltsvermittlung steht im Hintergrund, während E-Learning auf die gezielte Aneignung von vorgegebenem Wissen und Können abzielt, der Fokus liegt auf Inhaltsvermittlung. Das Mobile-Coaching ist demgegenüber nur soweit strukturiert, dass im Vorfeld eine Auswahl des allgemeinen Programmmaterials stattfindet, um sich im Coaching-Prozess explizit mit der Thematik des Coachees auseinandersetzten zu können. Gegenüber dem Mobile-Coaching besteht beim E-Learning nur eine geringe Möglichkeit der Bearbeitung von selbstreflexiven Themen der einzelnen E-Learning Teilnehmer[121].

Mobile-Coaching lässt sich als eine Variante des E-Learning darstellen. Die zweite Variante, welche in den Bereich des E-Learning einzuordnen ist, ist das Online-Tutoring. Mobile-Coaching bezieht sich primär auf die Betreuung von Einzelpersonen, das Online-Tutoring bezieht sich auf die Betreuung von Lerngruppen. Auch die inhaltlichen Schwerpunkte der beiden Varianten weisen Unterschiede auf, welche zu betrachten sind: Das Online-Tutoring zielt auf eine den Erwerb von Wissen und Fähigkeiten ab. Dies wird durch eine konstante fachliche, pädagogische, soziale und organisatorischen Betreuung sichergestellt[122]. Beim Mobile-Coaching steht die Unterstützung und Hilfestellung bei der Persönlichkeitsentwicklung im Vordergrund. Die Ziele werden im Gegensatz zum Online-Tutoring gemeinsam durch den Coach und den Coachee erarbeitet und definiert. Bei beiden Varianten finden Face-to-Face Kontakte nicht mehr oder nur noch vereinzelt statt, primär werden asynchrone oder synchrone Medien für die zwischenmenschliche Kommunikation verwendet. Die folgende Abbildung veranschaulicht die zwei beschrieben Varianten des E-Learning:

---

[119] Vgl. Geißler (2008), S. 3.
[120] Vgl. Ojstersek/Kerres (2008), S. 60.
[121] Vgl. Kerres (2001), S. 291.
[122] Vgl. Ojstersek/Kerres (2008), S. 64.

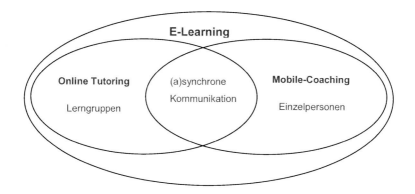

Abbildung 8: Varianten des E-Learning[123]

Wichtig ist eine klare Definition der Begriffsstruktur im Mobile-Coaching. Die Darstellung der Begriffsstruktur des Mobile-Coaching folgt im anschließenden Kapitel.

3.2.2 Grundstruktur Mobile-Coaching

Der Bereich Mobil-Coaching kann in zwei Bereiche unterteilt werden[124]: Der erste Bereich ist das didaktisch offene Mobile-Coaching. Der zweite Bereich ist das didaktisch vorstrukturierte Mobile-Coaching. Unterscheidungskriterium hierbei ist, ob die Medien, welche für die zwischenmenschliche Kommunikation genutzt werden, didaktisch vorprogrammiert sind oder nicht, und wie hoch der Grad der Interaktionsmöglichkeiten ist[125]. Die folgende Abbildung stellt die Begriffsstrukturen des Mobile-Coaching dar:

---

[123] Vgl. Ojstersek/Kerres (2008), S. 61.
[124] Vgl. Geißler (2008), S. 8.
[125] Vgl. Meier (2006), S. 172.

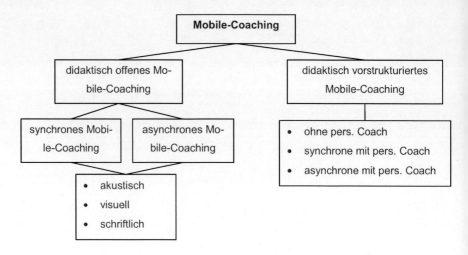

Abbildung 9: Begriffsstrukturen von Mobile Coaching[126]

Bei dem synchronen didaktisch offenen Mobile-Coaching wird durch die elektronischen Medien zwischen dem Coach und dem Coachee eine zeitgleiche Kommunikation durchgeführt, Präsenzcoaching wird nachgebildet[127]. Es kommt auf das Medium an, in welchem Grad das Präsenzcoaching nachgebildet werden kann. Kommen Webapplikationen zum Einsatz, welche visuelle (z.B. Webcam), schriftliche (z.B. Chat) und zusätzlichen akustische Kommunikation ermöglichen, ist der Gerad der Nachbildung sehr hoch. Der Gerad ist entsprechend gering bei z.B. ausschließlich akustischer Kommunikation über Telefon oder entsprechende Internetapplikationen. Bei dem asynchronen didaktisch offenen Mobile-Coaching erfolgt die Kommunikation ausschließlich zeitversetzt[128]. Das Coaching findet in schriftlicher Form statt, technisch bieten sich dabei vielfältige Wege an: Beispielhaft ist Kommunikation über E-Mail, Internetplattformen oder Foren zu nennen. Um das Coaching zu bereichern ist es zusätzlich möglich Ton- oder Videodokumente auszutauschen, also visuelle und akustische Elemente einfließen zu lassen.

Der Gegenpol zum didaktisch offenen Mobile-Coaching ist das didaktisch vorstrukturierte Coaching. Hierbei werden z.B. von Webapplikationen Steuerungsfunktionen übernommen, welche in einem Face-to-Face Coaching vom Coach wahrgenommen werden. Es lassen sich drei Varianten unterscheiden: Didaktisch vorstrukturiertes Mobile-Coaching ohne Coach beinhaltet Einzelarbeit des

---

[126] Vgl. Geißler (2008), S. 7.
[127] Vgl. Haake/Schwarbe/Wessner (2004), S. 223.
[128] Vgl. Kuhlmann/Sauter (2008), S. 110.

Coachees ausschließlich mit didaktisch strukturierten Medien. Hierbei werden z.B. Computerprogramme durch den Coachee selbständig und ohne Beobachtung durch einen Coach bearbeitet. Das didaktisch vorstrukturierte synchrone Mobile-Coaching mit Coach kann schriftlich, akustisch oder visuell stattfinden, die Kommunikationswege können auch kombiniert angewendet werden. Hierbei bearbeitet der Coachee z.B. Internetprogramme mit gleichzeitiger Unterstützung und Betreuung durch den Coach. Bei dem didaktisch vorstrukturierten asynchronen Mobile-Coaching mit Coach findet eine Einzelarbeit des Coachees mit zeitversetzter Beobachtung und Betreuung durch den Coach statt.

Jeweils ist eine Vertiefung der jeweiligen Varianten möglich und Koppelungen der genannten Settings sind durchführbar und idealtypisch. Die hybride Anwendung des Mobile-Coaching vereint alle genannten Formen[129]. Abbildung 10 stellt die möglichen Grundstrukturen des Mobile-Coaching dar. Z.B. kommuniziert der Coach mit dem Coachee primär über Webapplikationen, synchron als auch asynchron, von Zeit zu Zeit kann ein persönliches Treffen stattfinden. Zusätzliche kann z.B. sowohl über das Internet, als auch in Präsenzphasen, bei Bedarf mit anderen Coachees kommuniziert werden. Mit Einverständnis der Coachees ist es dem Coach möglich, die Arbeit des Coachees z.B. auf Internetplattformen zu beobachten und somit den Coaching-Prozess optimal zu steuern.

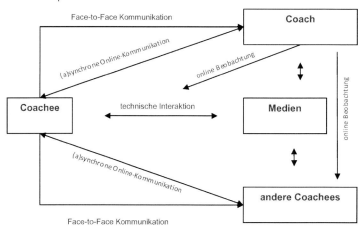

Abbildung 10: Grundstruktur Mobile-Coaching[130]

---

[129] Vgl. Haake/Schwarbe/Wessner (2004), S. 223.
[130] Vgl. Geißler (2008), S. 11.

Im folgenden Kapitel werden die zentralen Unterschiede zwischen Mobile-Coaching und Face-to-Face Coaching in Form von Vor- und Nachteilen beschrieben.

3.2.3 Vorteile und Nachteile von Mobile-Coaching gegenüber Face-to-Face-Coaching

Als Vorteile im Mobile Coaching gegenüber dem Face-to-Face Coaching sind folgende Faktoren zu nennen:

- *Anonymität:* Die Hemmschwelle zur Inanspruchnahme eines Coaching kann Anonymität herabsetzen. Problemschilderungen können im Gegensatz zum Präsenzcoaching bereitwilliger geschehen. Die Anonymität ist nicht auf den Datenschutz bezogen, sondern auf den Schutz der Unbekanntheit. Selbstoffenbarung gegenüber Fremden kann den Coachees leichter fallen[131].

- *Vorurteilsfreie Kommunikation:* Aufbauend auf der Anonymität entstehen weiterhin durch die fehlende Präsenz des Coachs weniger Urteilstendenzen seitens des Coachees (Sympathie, Antipathie etc.)
Der/Die Coachee trägt in sich das Bild einen „Wunschberaters", was förderlich für den Coaching-Prozess sein kann[132].

- *Örtliche und zeitliche Flexibilität:* Die/Der Coachee kann in den Ort und den Zeitpunkt bei asynchroner Kommunikation selber bestimmen. Bei der Nutzung von synchronen Medien ist eine Absprache mit dem Coach notwendig. Der zeitliche Aufwand ist geringer, Anfahrtswege entfallen. Zu jeder Tages und Nachtzeit kann das Coaching unabhängig vom Ort durchgeführt werden, auch über Ländergrenzen hinweg[133].

- *Reflexionsmöglichkeiten:* Der schriftliche Ausdruck, das Umschreiben und mehrmalige Formulieren fördert die Auseinandersetzung mit dem Anliegen und das Ordnen der Gedanken. Das Schreiben hilft beim Strukturieren und unterstützt die Selbstreflexion. Die/Der Coachee legt sich durch den schriftlichen Ausdruck fest und kann Position beziehen.

- *Transfereffizienz:* Durch die Möglichkeit den gesamten Coaching-Prozess zu geordnet zu archivieren, kann jeder Teilabschnitt des Coachings zu jeder Zeit aufgerufen werden und ist dauerhaft verfügbar. Die Reflexionsmöglichkeit wird hierdurch noch verstärkt und die Chancen

---

[131] Vgl. Lippmann/Ullmann-Jungfer (2008), S. 75.
[132] Vgl. Schultze, Nils-Günter, (2007), S. 5.
[133] Vgl. Koch, Brigitte (2009), (Nr. 1), S. 42.

werden erhöht, dass die Lösungsoptionen in der Praxis umgesetzt werden[134].

- *Kostenvorteile:* Durch die Nutzung der elektronischen Medien, die zeitliche und örtliche Flexibilität ist es möglich, die Kosten für Mobile-Coaching, im Gegensatz zu den relativ hohen Kosten des reinen Face-to-Face Coachings[135], gering zu halten. Die Transaktionskosten können durch Mobile-Coaching minimiert werden. Reisekosten und zusätzliche Aufwendungen (Unterbringung, Verpflegung etc.) für den Coach können vermieden werden[136].

Als Nachteile von Mobile-Coaching gegenüber Face-to-Face Coaching sind folgende Faktoren zu nennen:

- *Verlust von nonverbalen Kommunikationselementen:* Körpersprache, Gestik, Mimik und paralinguistische Elemente[137] (z.B. Tonfall, Tempo) entfallen, besonders bei der Nutzung von asynchronen Kommunikationsmedien. Das Einfühlungsvermögen kann hierdurch erschwert werden.
- *Zeitliche Verzögerung:* Face-to-Face Coaching findet zu einem bestimmten Zeitpunkt in einem bestimmten Rahmen statt[138]. Ein direktes Feedback seitens des Coachs ist möglich. Dem Vorteil der Flexibilität steht der mögliche Nachteil gegenüber, dass die zeitliche Verzögerung der Antworten als negativ empfunden werden kann[139]. Ein oft wichtiges direktes Feedback ist nicht möglich, besonders bei der Nutzung von ausschließlich asynchronen Medien.
- *Einschränkung der Interventionsmöglichkeiten:* Gegenüber dem Face-to-Face Coaching fehlen beim Mobile-Coaching häufig Möglichkeiten, die direkte Beobachtung einer unmittelbaren Reaktion des Coachees auf eine Intervention des Coachs durchzuführen und für eine Optimierung des Coaching zu nutzen. Weiterhin lassen sich kreative Lernmethoden kaum anwenden.

---

[134] Vgl. Lippmann/Ullmann-Jungfer (2008), S. 76.
[135] Vgl. Kapitel 2.4.2.
[136] Vgl. Bofinger (2007), S. 84.
[137] Vgl. Unger/Fuchs (2005), S. 173.
[138] Vgl. Koch, Brigitte, (2009), (Nr. 2), S. 5.
[139] Vgl. Lippmann/Ullmann-Jungfer (2008), S. 77.

- *Höhere Anforderungen durch Schriftlichkeit:* Wenn spontane Formulierung dem Coachee nicht mehr möglich sind und die/der Coachee dazu neigt, sich „perfekt" ausdrücken zu wollen, kann der Vorteil der Reflexionsmöglichkeit zu einem Nachteil werden. Schreibfreudigkeit und gute stilistische Fähigkeiten sind notwendige Voraussetzungen, um den Vorteil der besseren Reflexionsmöglichkeiten gegenüber einem Face-to-Face Coaching nutzen zu können[140].
- *Datensicherheit:* Ein großer Nachteil im Mobile-Coaching kann vorliegen, wenn der Aspekt der Datensicherheit nicht betrachtet wird. Die Privatsphäre und Vertrauensbasis zwischen Coach und Coachee kann durch einen mangelnden Einsatz von Verschlüsselungstechniken verletzt werden.

Im folgenden Kapitel wird werden Möglichkeiten und Anwendungen beschrieben, welche die zeitversetzte Kommunikation bei Mobile Coaching ermöglichen.

3.3 Asynchrone Kommunikation

Asynchrone Kommunikation bedeutet, dass die einzelnen Beiträge nicht zeitgleich, sondern zeitlich versetzt erfolgen. Die asynchrone Kommunikation basiert auf dem Prinzip „senden und vergessen"[141]. D.h. der Sender arbeitet weiter ohne auf eine sofortige Zustandsänderung zu warten; eine Prozessblockierung z.B. durch Warten auf eine Antwort liegt nicht vor. Der Coach und der Coachee greifen auf einen Kommunikationskanal zurück, welcher die Nachrichten speichert. Der Kommunikationspartner setzt eine Nachricht ab, die erst später von dem anderen Kommunikationspartner empfangen wird. Die beteiligten Kommunikationspartner müssen nicht gleichzeitig anwesend sein[142]. Beispiele für die asynchrone Kommunikation sind E-Mail, Newsgroups und Massageboards. Diese Formen werden im Folgenden erläutert.

3.3.1 E-Mail

85 Prozent aller Internetnutzer ab 14 Jahre versenden private Mails, das sind knapp 43 Millionen Bundesbürger. Von den 14- bis 29-Jährigen nutzten täglich

---

[140] Vgl. Lippmann/Ullmann-Jungfer (2008), S. 77.
[141] Vgl. Starke (2008), S. 232.
[142] Vgl. Haake/Schwarbe/Wessner (2004), S. 66.

rund drei Viertel E-Mails für Kontakte, bei den 45- bis 59- Jährigen ist es knapp die Hälfte, bei den über 60-Jährigen gut ein Viertel[143].

Diese hohe Akzeptanz kann der Coach und die/der Coachee sich zu nutzen machen, wenn bestimmte Voraussetzungen erfüllt sind: Die/Der Coachee muss Zugang zu einem leistungsstarken und internetfähigen Computer haben. Zusätzlich wird eine E-Mail Adresse benötigt. Wenn der Coachee ein anonymes Coaching in Anspruch nehmen möchte, kann der Coach auf die Möglichkeit einer anonymen E-Mailadresse hinweisen[144]. Für das Senden und Empfangen von E-Mails stehen grundsätzlich zwei Möglichkeiten zur Verfügung: direkte Abruf der E-Mails über den Server des jeweiligen Providers, oder der indirekte Abruf über ein E-Mail Programm wie z.B Microsoft Outlook 2007. Neben der schriftlichen asynchronen Kommunikation bietet die Nutzung von E-Mails den Zusatz, dass komprimierte Bild, Grafik- oder auch Tondateien angehängt werden können[145].

Als alleinstehende Form des Mobil-Coaching bietet sich die Kommunikation über E-Mail nicht bei komplexen und langfristigen Themen an. Grund hierfür ist fehlende Nachhaltigkeit. Es ist nur mit hohem Zeit- und Rechercheaufwand möglich, jederzeit auf Ergebnisse und den Diskussionsverlauf zurückzugreifen. Dies erschwert die erreichten Erfolge dauerhaft umzusetzen[146].

Im folgenden Kapitel wird Möglichkeit der asynchronen Kommunikation über ein Newsgroups erläutert.

3.3.2 Newsgroup

Diese Diskussionsforen können mit schwarzen Brettern im Internet verglichen werden. Ein Teilnehmer veröffentlicht eine Nachricht, andere Teilnehmer können sich dieser Nachricht anhängen oder ein neues Thema starten. Für den Zugang wird eine spezielle Software benötigt. Diese „Newsreader" sind entweder in gängigen E-Mailprogrammen integriert oder als Freeware zum Download erhältlich. Die Diskussionen sind durch Themenstränge gekennzeichnete (Threads). Die Betreffzeile enthält den Themenbezug. Der Coachee hat die Möglichkeit nach bestimmten Themenschwerpunkten zu suchen, die von typi-

---

[143] Vgl. BITKOM e.V., (27.05.2010), S. 1f.
[144] Vgl. Mayerl/Jasorka (2007), S. 51.
[145] Vgl. Meier (2006), S. 44.
[146] Vgl. Grünig/Kaschube (2008), S. 153.

schen Problemen von Führungskräften handeln. Zum einen bietet sich die Option aktiv an einer Diskussion teilzunehmen oder die Diskussion passiv zu analysieren[147].

Diese Form kann insofern in den Lernprozess des Mobile-Coaching integriert werden, wenn Praxisfälle geschildert und innerhalb einer Coaching-Gruppe kommentiert werden und ein Erfahrungsaustausch stattfindet. Weiterhin können genaue Fragen an den Coach gestellt werden[148].

Der Vorteil der Newsgroup liegt in einem großen Themenspektrum und der Transparenz aller Informationen. Die Themenauswahl kann vom Coache selbst erfolgen und im Vergleich zu E-Mails ist eine strukturierte Archivierung möglich. Somit ist eine nachhaltige Ergebnissicherung möglich. Am besten geeignet ist dies Form für Mobile-Coaching im Gruppenrahmen. Nachrichten sind für alle Teilnehmer sichtbar. Hier kommen primär allgemeingültige und unpersönliche Themen in Frage, die Datensicherheit ist aufgrund der Zugriffsmöglichkeit aller Teilnehmer nicht gewährleistet. Für individuelles Coaching ist diese Form auch anwendbar, jedoch nicht die zweckmäßigste Alternative. Wichtig ist eine klare Ausdrucksweise und Disziplin. Eine rege Beteiligung ist Voraussetzung für den Erfolg.

Im folgenden Kapitel wird die Möglichkeit der asynchronen Kommunikation über ein Forum erläutert.

3.3.3 Foren

Foren sind datenbankgestützte Kommunikationsplattformen. Diese Kommunikationsbereiche stellen ein wichtiges Instrument im asynchronen Mobile-Coaching da. Es besteht die Möglichkeit zur Diskussion und den Austausch sowie die Archivierung von Gedanken und Erfahrungen[149]. Ähnlich wie bei den Newsgroups[150] hat die/der Coachee hier die Möglichkeit Diskussionsbeiträge innerhalb der Datenbank auf Empfehlung des Coachs online anzusehen[151]. Die/Der individuelle Coachee, oder die/der Coachee als Mitglied einer Lerngruppe kann Beiträge lesen, kommentieren und ergänzen. Mehrere Beiträge bilden einen

---

[147] Vgl. Mayerl/Jasorka (2007), S. 59.
[148] Vgl. Busch/Mayer (2002), S. 44.
[149] Vgl. Kuhlmann/Sauter (2008), S. 110.
[150] Vgl. Kapitel 3.3.2.
[151] Vgl. Mayerl/Jasorka (2007), S. 61.

Diskussionsfaden (Thread), welcher den Verlauf einer Diskussion wiederspiegelt.

In der Praxis existieren primär zwei Ausführungen von Foren[152]: Die <u>Fachforen</u> können moderiert oder unmoderiert sein, hier eröffnet der Coach oder die/der Coachee ein Thema oder Fragestellung aufgrund eines Arbeitsauftrages. In den <u>Diskussionsforen</u> werden offene Fragen und Inhalte des Coachings reflektiert, aktuelle Themen können hier zeitversetzt diskutiert werden.

Ergänzend kann in Foren ein Dokumentenraum eingerichtet werden, welche für die Ablage umfangreicher Ausarbeitungen dient. In einen zusätzlichen Themenspeicher kann die/der Coachee oder der Coach offene Fragen und potentielle Themenwünsche einstellen. Informationen über organisatorische Fragen können in Foren über eine optional installierbare Pinnwand geklärt werden.

Kommunikationsforen eigenen sich beim Mobile-Coaching sehr gut, aufgrund der der thematisch sortierten Beiträge und der Möglichkeit jederzeit Antworten und Beiträge wieder aufzurufen[153], z.B. über eine Themenabonnement oder eine Suchfunktion. Die thematisch und zeitlich Strukturierung erleichtert den Überblick, der Wissensaustausch erfolgt im Rahmen des Coaching-Kontextes. Die Beiträge sind chronologisch geordnet, nicht nach ihrer Bedeutung gegliedert. Dies kann sich bei komplexen Diskussionen nachteilig auf die Übersicht auswirken.

Genau wie bei den Newsgroups sind in Foren Regeln zu beachten. Es ist auf eine verständliche Sprache und Ausdrucksweise zu achten, die Kommunikation sollte möglichst zeitnah erfolgen. Weiterhin ist eine Kommunikation anzuwenden, welche als positiv verstanden wird, verletzende Ausdrucksweisen sind zu vermeiden. Gute Beiträge sollten auch gelobt werden.

Im folgenden Kapitel werden Möglichkeiten und Anwendungen beschrieben, welche die zeitgleiche Kommunikation bei Mobile Coaching ermöglichen.

3.4 Synchrone Kommunikation

Bei der synchronen Kommunikation erfolgt eine Nachrichtenübertragung erst dann, wenn der Sender sendebereit und der Empfänger empfangsbereit ist. Der Prozess wird synchronisiert und findet zeitgeleich statt. Der Coach und der

---

[152] Vgl. Kuhlmann/Sauter (2008), S. 110.
[153] Vgl. Niergermann et al. (2008), S. 549.

Coachee kommunizieren und interagieren dabei über elektronische Medien[154]. Für diese Form des Mobile-Coachings werden bestimmte synchrone Kommunikationswege benötigt, wie z.B. Chats/ Massanger und Internet-Telefonie mit Echtzeit-Videokommunikation. Diese zwei genannten Formen werden exemplarisch im Folgenden als Beispiele für die synchrone Kommunikationsformen beim Mobile-Coaching dargestellt.

3.4.1 Chat- und Massanger-Kommunikation

Das Wort „Chat" kann wörtlich mit *„Plaudern"* oder *„Quatschen"* übersetzt werden. Dieses System gibt die Möglichkeit, zeitgleich zwischen zwei oder mehreren Teilnehmern direkte Textkommunikation zu betreiben[155]. Somit ist sowohl eine Zweipunkt, als auch eine Gruppenkommunikation durchführbar. Für den Einsatz von Chats oder Massanger sind frei erhältlich Applikationen notwendig wie z.B. MSN, ICQ oder integrierte Chatfunktionen auf Coaching-Plattformen. Der Austausch von Informationen erfolgt über die Tastatur. Nach der Anmeldung im Chatraum mit einem Namen erscheint nach der Eingabe der Text im Anzeigefenster auf allen Monitoren der Teilnehmer[156].

Im Chat fehlen Sinnenkanäle (sehen, hören, riechen, fühlen etc.) Diese werden im Chat durch Emotionen ersetzt: *„Emotionals"* werden über *„Emoticons"* (Smilies etc.) oder *„Asterisken"* (zwischen Sternchen) ausgedrückt[157].

Grundsätzlich eignen sich Chats und Massanger-Systeme im Mobile-Coaching für folgende Funktionen:

- *Kommunikation:* Hier speziell für die Reflexion, Erfahrungsaustausch und Klärung offener Fragen.
- *Flankierung:* Klärung offener Fachfragen und Absprache von Vereinbarung.
- *Organisation:* Terminabsprachen und Themenklärung etc.

Der spontane Charakter der Kommunikation über Chats und Massanger-Systeme bildet eine Grundlage, um Beziehungen zwischen dem Coach und der/dem Coachee zu festigen. Beiträge für eine gemeinsame Wissensbasis entstehen selten. Für die Bearbeitung von komplexen Themen im Mobile-Coaching ist der Einsatz von Chats oder Massanger-Systemen aufgrund einer

---

[154] Vgl. Haake/Schwarbe/Wessner (2004), S. 223.
[155] Vgl. Kuhlmann/Sauter (2008), S. 109.
[156] Vgl. Mayerl/Jasorka (2007), S. 65.
[157] Vgl. Niergermann et al. (2008), S. 553.

fehlenden übersichtlichen Archivierungsmöglichkeit und des spontanen Charakter der Kommunikation nicht förderlich.

Im folgenden Kapitel wird die synchrone Kommunikationsform der Internet-Telefonie dargestellt.

3.4.2 Internet-Telefonie mit Echtzeit-Videokommunikation

Durch eine spezielle für die Internet-Telefonie entwickelte Software (z.B. *Firetalk* oder *Skype*) besteht die Möglichkeit, unter Rückgriff auf die Technik *Voice over IP*, kostenfrei über das Internet zu telefonieren, sofern alle Kommunikationsteilnehmer die über *Skye* oder *Firetalk* kommunizieren[158]. Hauptvorteil ist die Kostenreduktion der Entgelte. Gegen eine zusätzliche Gebühr ist es möglich, z.B. über den Dienst *SkypeOut* Telefonate in Festnetze oder Mobilfunknetze vom eigenen Computer aus zu führen. Dabei wird über ein Mikrofon, welches an den Computer angeschlossen oder in diesem integriert ist, mit den Kommunikationspartnern zeitgleich kommuniziert[159]. Die Übertragungsqualität ist vergleichbar mit der eines gewöhnlichen Telefonates. Zusätzlich besteht die Möglichkeit, während des Telefonates Sofortnachrichten über eine Chat-Funktion zu übermitteln. Auch der gleichzeitige Datentransfer von Dateien ist durchführbar. Weiterhin ist es möglich, Echtzeit-Videobilder in die Kommunikation einzubinden. Dazu ist ein Webcam notwendig. Somit kann die Kommunikation durch Körpersprache bereichert werden.

Ein Vorteil ist, dass Konferenzgespräche mit beliebig vielen Teilnehmern durchgeführt werden kann. Für Konferenzen mit mehreren Teilnehmern sind genaue Vorbereitungen und eine Agenda notwendig, um ein Gesprächs-Chaos zu vermeiden. Gesprächsdisziplin hat Priorität. Eine globale Kommunikation in Bild und Ton erlaubt Coachings durchzuführen, ohne dafür den Büroraum verlassen zu müssen. Diese Form der synchronen Kommunikation kommt einem Face-to-Face Coaching am nächsten. Das gesprochene Wort ist weniger anfällig für Konflikte als das geschrieben und die Internettelefonie mit Echtzeit-Videokommunikation wird von den Coachees als motivierend empfunden[160].

Im anschließenden Kapitel wird die hybride Form des Mobil-Coachings dargestellt.

---

[158] Vgl. Kuhlmann/Sauter (2008), S. 108.
[159] Vgl. Mayerl/Jasorka (2007), S. 66.
[160] Vgl. Busch/Mayer (2002), S. 40.

3.5 Hybrides Mobile Coaching

Die Medienwahl beim Coaching im Allgemeinen ist nicht als Problem von sich ausschließenden Alternativen zwischen synchronen und asynchronen Kommunikationsmitteln aufzufassen. Angesichts der Fülle an medialer Möglichkeiten ein Mobile-Coaching durchzuführen, geht es bei der Medienwahl nicht um die „Auswahl", sondern um die „Kombination" von Medien. Eine Verzahnung und möglichst effektive Integration der Medien ist beim hybriden Mobile-Coaching das Ziel.

Während asynchrones Mobile-Coaching zeitversetzt, synchrones Mobile-Coaching zeitgleich stattfindet, kann es sinnvoll sein eine Mischung aus sowohl asynchronen, als auch synchronen Elementen in eine Mobile-Coaching zu integrieren. Dies, um ein möglichst effektives und nachhaltiges Mobile-Coaching durchführen zu können. Diese hybriden Mediensettings können alle bisher genannten Formen vereinen[161]. In der Praxis ist das hybride Mobile-Coaching wohl die am häufigsten angewendete Form. Das Konzept des hybriden Coaching stellt eine optimale Betreuungs- und Unterstützungsfunktion der Coachees sicher und alle technischen Möglichkeiten werden effizient ausgenutzt. Es lässt genügend Spielraum für Individualität und Selbststeuerung und bietet einen Rahmen für soziales Lernen und personelle Kommunikation.

Im Folgenden wird exemplarisch die Mobile-Coaching-Plattform „coach/on" der Unternehmensberatung *„Movendo"* vorgestellt, welche auf hybride Kommunikationswege zurückgreift.

3.6 Darstellung und Analyse der Coaching-Plattform „coach/on"

„coach/on" basiert zum einen auf einer individuell entwickelten Software, zum anderen auf einer spezialisierten Ausbildung für Mobile-Coaching mit dem Schwerpunkt Veränderungsgestaltung[162]. Primär kommen asynchrone Kommunikationskanäle zum Einsatz, mit geringen Anteilen synchroner Kommunikation (Chat). Somit bildet die Software ein hybrides Mobile-Coaching-Werkzeug ab. Ähnlich einem Face-to-Face Coaching ist das Mobile-Coaching durch *„coach/on"* in die fünf grundlegenden Phasen gegliedert[163].

Grundlage für die Mobile-Coaching-Plattform *„coach/on"* ist ein Internet-Diskussionsforum, um auch unerfahrenen Benutzern die intuitive Nutzung zu

---

[161] Vgl. Haake/Schwarbe/Wessner (2004), S. 223.
[162] Vgl. Grünig/Kaschube (2008), S. 148.
[163] Vgl. Kapitel 2.3.8.

ermöglichen. Schriftliche internetbasierte Kommunikation hat den Nachteil, dass die Prozesse der Kommunikation deutlich vereinfacht werden müssen, damit diese nachvollziehbar und erfassbar bleiben[164]. Non-verbale Kommunikation fehlt bei dieser Form der Kommunikation. In der Software „coach/on" wurden daher verschiedene Module entwickelt um diesen Nachteil auszugleichen:

- *Themen:* Getrennte Bearbeitung von unterschiedlichen Themen ist durchführbar. Einzelne Beiträge können klar zugeordnet werden und trotzdem können mehrere Fragestellungen gleichzeitige bearbeitet werden. Der folgende Abbildung stellt den Themenbereich dar:

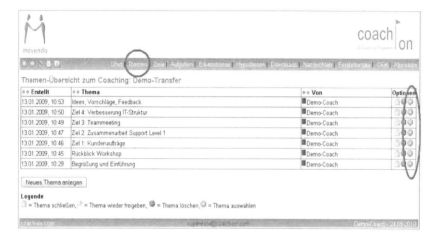

Abbildung 11: coach/on Struktur „Themen"[165]

Über den grünen Pfeil in der rechten Spalte „Optionen" kann ein einzelnes Thema aufgerufen werden. Beispielhaft stellt Abbildung 12 diese Ansicht mit den Kommunikationselementen seitens des Coachees und des Coachs da. Hier hat sowohl der Coach, als auch der Coachee über das Eingabefeld (Antwort schreiben) im oberen Bereich die Möglichkeit die Kommunikation fortzusetzten:

---

[164] Vgl. Grünig/Kaschube (2008), S. 149.
[165] Screenshot Software coach/on (24.05.2010).

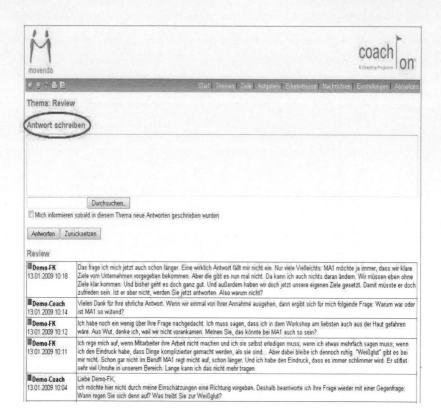

Abbildung 12: coach/on Struktur „Themen-Kommunikation"[166]

- *Ziele/ Aufgaben/ Erkenntnisse:* In diese drei Bereichen werden die erarbeiteten Ergebnisse strukturiert in Form von messbaren Zielen, definierten Aufgabenstellungen und übergreifenden Erkenntnissen festgehalten. Die folgenden Abbildungen stellen die Bereiche Ziele, Aufgaben und Erkenntnisse dar. In Abbildung 13 sind ist die Zielstruktur zu erkennen. Diese ist unterteilt in Priorität, Erstellungsdatum, Zieldefinition, Zielbeschreibung und den jeweiligen Ersteller. Sowohl der Coach, als auch die/der Coachee haben die Möglichkeit diese Zeile einzusehen und zu bearbeiten:

---

[166] Screenshot Software coach/on (24.05.2010).

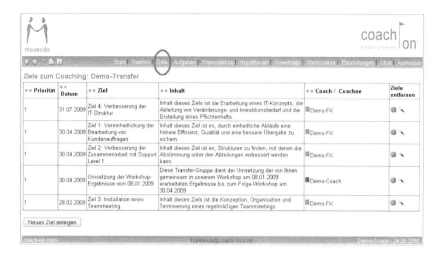

Abbildung 13: coach/on Struktur „Ziele"[167]

In Abbildung 14 sind die Aufgaben für den Coachee strukturiert dargestellt. Dabei wird der Bearbeitungsstaus, die Aufgabenbezeichnung sowie die Fälligkeit der Aufgaben abgebildet. Der Coach und der Coachee können hier Aufgaben festlegen:

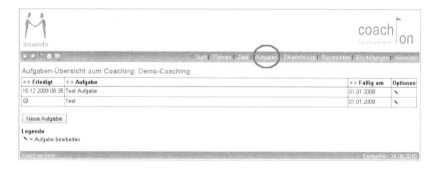

Abbildung 14: coach/on Struktur „Aufgaben"[168]

In Abbildung 15 sind die bisherigen Erkenntnisse des Coaching-Verlaufs festgehalten. Sowohl der Coach, als auch der Coachee haben die Möglichkeit diese einzusehen und zu bearbeiten:

---

[167] Screenshot Software coach/on (24.05.2010).
[168] Screenshot Software coach/on (24.05.2010).

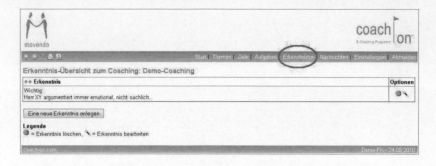

Abbildung 15: coach/on Struktur „Erkenntnisse"[169]

- *Organisation:* In diesem Bereich werden in einem interne Mail-System organisatorische Themen wie Urlaubsplanung, Krankheiten oder ähnliches festgehalten. Die folgende Abbildung 16 stellt diesen Bereich dar:

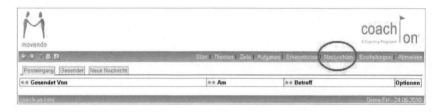

Abbildung 16: coach/on Struktur Organisation (Nachrichten)[170]

Das synchrone Kommunikationselement in der Software „coach/on" ist die Chat-Funktion. Wenn der Coach und der Coachee sich zur gleichen Zeit auf der Plattform befinden, ist es möglich, zeitgleich Nachrichten auszutauschen[171]. Die folgenden Abbildungen 17 und 18 stellen diese Funktion dar.

Wie in Abbildung 17 dargestellt, ist die Funktion über die Befehlszeile aufrufbar. Anschließend öffnet sich ein neues Fenster in dem die zeitgleiche Kommunikation zwischen dem Coach und dem Coachee stattfindet. Dieses ist in Abbildung 18 dargestellt:

---

[169] Screenshot Software coach/on (24.05.2010).
[170] Screenshot Software coach/on (24.05.2010).
[171] Vgl. Kapitel 3.4.1.

Abbildung 17: coach/on Funktion „Chat"[172]

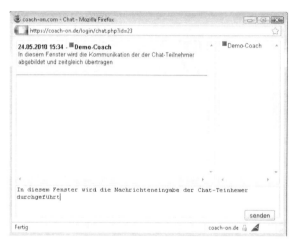

Abbildung 18: coach/on „Chat-Raum"[173]

Da die Wirksamkeit von Mobile-Coaching wenig erforscht ist, führte die Unternehmensberatung „Movendo" in Zusammenarbeit mit der Ludwig-Maximilian-Universität München im Jahr 2008 eine Evaluationsstudie durch, in der alle Coachings, welche mit der Software „coach/on" durchgeführt wurden, evaluiert wurden (mit Zustimmung der Kunden). Das Mobile-Coaching mit der Software „coach/on" wurde dabei als sehr wirkungsvoll eingestuft. Folgende Wirkungsfaktoren wurden hervorgehoben[174]:

---

[172] Screenshot Software coach/on (24.05.2010).
[173] Screenshot Software coach/on (24.05.2010).
[174] Vgl. Grünig/Kaschube (2008), S. 152.

- *Flexibilität:* Weltweite und zeitlich unabhängige Durchführung des Mobile-Coaching. Besonders für Führungskräfte mit internationaler Reisetätigkeit von Vorteil.
- *Kontinuität:* Keine langen Zeitzwischenräume zwischen der Bearbeitung der Coaching-Themen. In der Regel wurden Reaktionszeiten von maximal 48 Stunden vereinbart.
- *Raum zum Nachdenken:* Möglichkeit durchdachte und weiterführende Beiträge zu leisten, aufgrund des fehlenden Zwangs umgehend zu antworten.
- *Rückblick:* Durch die schriftliche Dokumentation besteht die Möglichkeit, zu jeder Zeit auf vergangene Kommunikationsverläufe zurückzugreifen.
- *Selbstständigkeit:* Der Eigenanteil an der Lösungsentwicklung wurde von den Cochees als hoch eingestuft. Die Wahrnehmung stiege mit der Dauer des Coachings.
- *Offenheit:* Durch die Anonymität und Selbstaufmerksamkeit der Coachees wurde intensiver als in einem Face-to-Face Coaching über Erleben, Befürchtungen und Ängste berichtet.
- *Verbindlichkeit:* Durch die hohe Kontaktfrequenz und die exakte Zielformulierung in der Software „coach/on" wurde eine hohe Verbindlichkeit für die Coachees festgestellt.
- *Nachhaltigkeit:* Die vollständige Archivierung und Dokumentation ermöglicht jederzeit einen Zugriff auf Diskussionsverläufe. Somit wird die Nachhaltigkeit deutlich gestärkt.

Im anschließenden Kapitel folgt eine empirische Untersuchung zum Thema Mobile-Coaching in der Personalentwicklung.

4 Studie zur Analyse von Mobile Coaching als Personalentwicklungsmaßnahme

In dieser empirischen Untersuchung wurden ExpertInneninterviews durchgeführt. Zielsetzung der Interviews war es herauszufinden, welche Möglichkeiten die neuen Medien der aktuellen Praxis des Coachings bieten, und welche Erfahrungen in diesem Zusammenhang hinsichtlich der Personalentwicklung in gemacht wurden. Fünf Teilnehmer dieser Erhebung im Alter zwischen 34 und 60 Jahren wurden Im Rahmen der ExpertInneninterviews befragt.

Die vier folgenden Themengebiete wurden in den Interviews behandelt. Diese wurden teilweise auf die Spezialgebiete des/der Experten/-innen angepasst:

- Einleitung
- Fragen zum Konzept Mobile-Coaching
- Fragen zur Marktsituation von Mobile-Coaching
- Fragen zu Mobile-Coaching in der Personalentwicklung

Im folgenden Kapitel wird die angewendete Methode „ExpertInneninterview" und das methodische Vorgehen beschrieben.

4.1 Das ExpertInnenInterview

Bei dem ExpertInneninterview treffen in der Interviewsituation zwei Personen aufeinander. Die fragende Person versucht das potentielle Wissen der befragten ExpertInnen für seine Forschungszwecke zu nutzen[175].

Bei dem ExpertInneninterview werden die Interviewpartner/- innen zweckorientiert ausgesucht. Die befragten Interviewpartner/ innen sind auf Ihrem Sachgebiet qualifizierte Personen, welche für die Interviewthematik als ExpertInnen gelten. Diese bilden eine hochselektive Stichprobe und werden streng sachbezogen befragt. Ziel ist, die/den Befragten auf das interessierende Fachgebiet festzulegen. Den „richtigen" Experten auszuwählen gilt als Hauptproblem in der Vorbereitungsphase der Interviews[176]. Schwerpunkt hierbei ist die entsprechende Sachkenntnis sowie die Motivation zur Teilnahme an dem Interview. Nach Literaturstudien, Internetrecherchen, Kontaktaufnahme mit Coaching-Unternehmen (*„Rauen-Coaching"* etc.) und der Anfrage bei Online-Coaching-Netzwerken (Gruppe „Online-Coaching" auf der Internetplattform *www.xing.com*) wurden eine erste Vorselektion zur Auswahl der Inter-

---
[175] Vgl. Hoffmann (2005), S. 268.
[176] Vgl. Aichholzer (2005), S. 142.

viewpartner/ -innen getroffen. Im Anschluss folgte eine telefonische Kontaktaufnahme, um die Interviewpartner/ -innen zu gewinnen und über das Vorhaben und die Hintergründe dieser Arbeit zu informieren.

Das Interview muss die Befragten auf ihre Eigenschaft als ExpertIn beschränken, weiterhin muss verdeutlicht werden, dass die/der Fragende mit der Thematik vertraut ist. Diese beiden gennannten Aufgaben erfüllte der Interviewleitfaden. Den befragten Personen wurde ungefähr zwei Wochen vor dem vereinbarten Termin zugesendet, damit diese eine Möglichkeit zur Vorbereitung auf das Interview hatten.

Vier Interviews erstreckten sich auf 70-90 Minuten. Ein Interview über die Dauer von 45 Minuten. Es gelang einen natürlichen Gesprächsverlauf zu schaffen und offene und freie Interviews zu führen. Nicht immer musste ein Bezug zu Leitfaden hergestellt werden[177].

Die Interviews wurden digital dokumentiert, um die Vollständigkeit der Aussagen für die Auswertung vorhalten zu können. Den Grundsätzen wissenschaftlichen Arbeitens folgend, wurden die vertonten Äußerungen der Interviewpartner transkribiert und in eine schriftliche Form übertragen. Anhand der Transkripte wurde die Auswertung entsprechend der Fragestruktur vorgenommen.

In nächsten Kapitle wird die Auswertung des ersten von sechs Interviews dargestellt.

---

[177] Vgl. Leitner/Wroblewski (2005), S. 252.

4.2 Auswertung des ExpertInneninterviews mit einer Diplom-Psychologin

Dieses Interview fand telefonisch statt und dauerte 90 Minuten und wurde über die Freispracheinrichtung des Telefons mithilfe eines MP3-Rekorders aufgezeichnet. Alle Fragen wurden anhand des vorher zugesendeten Interviewleitfadens[178] gestellt und beantwortet. Die Antworten der Diplom-Psychologin waren sehr ausführlich.

4.2.1 Einleitung

Ziel dieses Interviewabschnittes war die Gesprächseinleitung sowie Informationen über die interviewte Person und ihr Tätigkeit zu erlangen:

Die interviewte Person ist 60 Jahre alt und hat 1974 ihr Studium als Diplom-Psychologin abgeschlossen. Ihr Werdegang war neben ihrer fast einundzwanzig jährigen Tätigkeit als Beraterin in der Personal- und Organisationsentwicklung von ständigen Weiterbildungen geprägt. Anfang der neunziger Jahre hat sie mehrere gruppendynamische Ausbildungen abgeschlossen. Im Jahre 1999 zusätzlich eine Ausbildung „Psychodrama für Personal- und Organisationsentwicklung". Weiterhin schloss sie im Jahre 2002 eine Ausbildung zur „Expertin für online-Lernen und online-Lehren" am Zentrum für soziale Innovationen in Wien ab. Fast die gesamte Zeit ihrer Berufstätigkeit war die Diplom-Psychologin selbständig tätig. Viele Erfahrungen für das Mobile-Coaching hat sie während ihrer Tätigkeit als Führungskräftetrainerin erworben. 2007 hat sie ihren beruflichen Schwerpunkt verändert und sich auf die Organisationsberatung fokussiert. Die Moderation von Prozessen, Teamentwicklung und Leitbildentwicklung stand gemeinsam mit dem Ausbau einer Mobile-Coaching Plattform im Vordergrund. Bis 2008 war sie Gesellschafterin einer GbR, jetzt ist sie als Einzelunternehmerin tätig.

Ihr Unternehmen hat schwerpunktmäßig nationale Kunden, wobei auch Kunden im Ausland ihre Beratungsleistung in Anspruch nehmen. Da Mobile-Coaching ein relativ neues Produkt und für die Kunden gewöhnungsbedürftig ist, sind Netzwerke zwischen Kollegen und Kunden essentiell, um neuen Kunden akquirieren zu können. Wichtig ist es Präsenz zu zeigen und Mobile-Coaching bekannter zu machen. Dazu sind Vorträge, Internetwerbung und Anzeigen in Fachzeitschriften gut geeignet. Ein Schwerpunkt liegt auch in der Zusammen-

---
[178] Vgl. Anhang 1.

arbeit mit Trainings und Beratungsinstituten. Ihr Ziel ist Mobile-Coaching weiter zu etablieren und gute professionelle Angebote und mehr Anbieter auf dem Mobile-Coaching-Markt durch die Zusammenarbeit mit den Trainings- und Beratungsinstituten zu schaffen.

In folgende Kapitel werden die Fragen zum zweiten Themenblock des Interviews dargestellt: Es wurden wurde Fragen zum Mobile-Coaching-Konzept geklärt[179].

4.2.2 Fragen zum Konzept Mobile-Coaching

Speziell wurden Fragen zu den eingesetzten Medien, zu den Vor- und Nachteilen von Mobile-Coaching, zur Einordnung von Mobile-Coaching in das Coaching-Konzept und zum Zeitbedarf beantwortet.

Für das Mobile-Coaching wendet die Diplom-Psychologin ausschließlich die asynchrone Kommunikation an und verwendet die Form eines Forums[180] auf der Basis der Lernplattform „Moodle". Die guten Möglichkeiten für die schriftliche asynchrone Reflexion in Verbindung mit den Vorteilen der guten Organisations- und Archievierungsstruktur der Lernplattform seien die Hauptgründe für den Einsatz. Akzeptanzprobleme seitens der Coachees liegen nicht vor. Gerade das Niederschreiben und die Fixierung fördert für die Akquirierung neuer Kunden.

Zwei Hauptvorteile wurden von der Diplom-Psychologin genannt, welche für den Einsatz von Mobile-Coaching in der Personalentwicklung sprechen. Zum einen die Autonomie. Die örtliche und zeitliche Unabhängigkeit lassen eine Steuerung des Prozesses durch die/den Coachee zu. Daher sei Mobile-Coaching besonders für Führungskräfte mit hoher Reisetätigkeit geeignet. Weiterhin ist ein großer Vorteil das Schreiben. Gegenüber einem Face-to-Face Coaching sei Mobile-Coaching ein anderer Prozess. Diese schriftliche Reflexion biete die Möglichkeit, zeitintensiver über die vorliegenden Probleme nachzudenken. Die Lösungs- und Ressourcenorientierung sei gegenüber einem Face-to-Face Coaching wirkungsvoller.

Ein Mobile-Coaching dauert im durchschnittlich ein Vierteljahr. Dabei finden mindestens alle achtundvierzig Stunden Kontakte statt. Die Kommunikationsfrequenzen sind sehr hoch. Mobile-Coaching sei für die Diplom-Psychologin eine „stand-alone-Lösung". D.h. Mobile-Coaching sei keine komplementäre Me-

---

[179] Vgl. Anhang 1.
[180] Vgl. Kapitel 3.3.3.

thode zu einem Face-to-Face-Coaching. Wobei auf Wunsch zusätzlich Face-to-Face Elemente in den Prozess integriert werden.

Als einziger Nachteil wurde genannt, dass viele potentielle Coachees denken, Mobile-Coaching sei im Vergleich zu einem Face-to-Face Coaching zeitsparender. Das Gegenteil sei der Fall. Beide Parteien, der Coach und die/der Coachee denken sehr lange darüber nach, was sie schreiben. Somit können die Reflexions- und Arbeitszeit intensiver und länger sein.

Eine Abgrenzung zu Mentoring und zu der Psychotherapie sei ihrer Meinung nach ganz klar möglich. Die Abgrenzung zwischen Coaching und der Supervision sei für die Diplom-Psychologin hingegen nur schwer zu vollziehen: Viele supervisorische Elemente fließen bei dem Coaching mit ein, es lägen starke Überschneidungen vor. Einzig der historische Hintergrund in der Entstehungsgeschichte lasse ihrer Meinung nach eine klare Abgrenzung der Supervision zum Coaching zu[181].

Im folgenden Kapitel werden die Fragen zum dritten Themenblock des Interviews dargestellt. Hier wurden Fragen zur Marktsituation von Mobile-Coaching gestellt.

4.2.3 Fragen zur Marktsituation von Mobile-Coaching

In diesem Abschnitt des Interviews wurden speziell Fragen zur Historie, zur Wettbewerbssituation, den Tendenzen und zu den Zielgruppen von Mobile-Coaching gestellt.

Die Diplom-Psychologin konnte nicht genau beantworten, wie sich der Markt für Mobile-Coaching in der Vergangenheit entwickelt hat und seit wann Mobile-Coaching in Unternehmen eingesetzt wird. 2006 hat sie versucht mehrere Unternehmen zu akquirieren. Hintergrund war, Mitarbeiter mit Familien durch Mobile-Coaching zu entlasten, anstatt für Face-to-Face Coachings zusätzliche Reisen und Termine wahrnehmen zu müssen. Die Resonanz der Firmen war negativ. Momentan läuft einen neue Akquisitionsphase. Unternehmen mit hoher internationaler Tätigkeit sollen gewonnen und die Vorteile von Mobile-Coaching für die Mitarbeiter sollen diesen Unternehmen kommuniziert und von diesen verstanden werden. Ziel sei, Mobile-Coaching als hochwertige Personalentwicklungsmaßnahme zu etablieren.

---

[181] Vgl. Kapitel 2.4.1.

Mobile-Coaching sei für viele Unternehmen momentan kein Personalentwicklungsanliegen, der Markt sei noch nicht bereit. Die Unternehmen stellen den Beziehungsaspekt in den Vordergrund und erkennen nicht, dass über elektronische Kommunikation ebenfalls ein Beziehungsaufbau stattfinden kann.

In der Zukunft wird Mobile-Coaching als Personalentwicklungsmaßnahme nicht mehr aufzuhalten sein. Grund dafür ist nach Aussage der Diplom-Psychologin die zunehmende Globalisierung und neue Anforderungen an die Flexibilität der Arbeitnehmer.

Dieser Trend wird sich bestätigen, wenn die jungen Generationen, welche multimedial aufgewachsen sind, verstärkt Personalverantwortung übernehmen werden.

Das durchschnittliche Alter der Coachees, welche sich von der Diplom-Psychologin beraten lassen, liegt zwischen 25 und 50 Jahren, zu 90% sind die Coachees aus dem gehobenen Management und Akademiker. Sogar ein hoher Anteil an promovierten Personen sei zu verzeichnen. Zu 75% nehmen Frauen ihre Beratungsleistung in Anspruch. Alle Branchen sind vertreten, eine Zuordnung der Coachees zu speziellen Branchen lässt sich nicht treffen.

Im folgenden Kapitel werden die Fragen des vierten Themenblocks des Interviews mit der Diplom-Psychologin dargestellt.

4.2.4 Fragen zu Mobile-Coaching in der Personalentwicklung

In diesem Interviewabschnitt wurden Fragen zu der Einordnung, Zielsetzung, zu den Voraussetzungen und der Erfolgsmessung von Mobile-Coaching in der Personalentwicklung an die Diplom-Psychologin gestellt.

Primär wurden die Mobile-Coachings, welche die Diplom-Psychologin bisher durchgeführt hat, angewendet, um eine Korrektur von Führungsentscheidungen vorzunehmen. D.h. wenn Mitarbeiter auf einer Stelle eingesetzt wurden, welche nicht mit ihrem Anforderungs- und Fähigkeitsprofil übereinstimmt.

Mobile-Coaching könne sehr gut für Maßnahmen *„near the job"*, also nicht an den Arbeitsplatz gebundene, oder ausserhalb der Arbeitszeit stattfindende Trainings oder *„Development-Center"* eingesetzt werden. Weiterhin sei ein Einsatz ebenfalls für Maßnahmen *„along the job"* möglich. D.h, für potentialorientierte Maßnahmen und die Erschließung neuer Perspektiven für die Mitarbeiter. Weiterhin für die Bereiche *„out oft he job"* und *„into the job"*. Damit sind begleitende

Coachings im Rahmen der Personalfreisetzung und der Personalintegration gemeint.

In der Zukunft sei nach Ansicht der Diplom-Psychologin ein Einsatz von Mobile-Coaching im Gesundheitsmanagement von Unternehmen denkbar. Wichtig sei hierbei die Durchführung durch einen externen Dienstleister, um die Anonymität sicherzustellen.

Um Mobile-Coaching als Personalentwicklungsmaßnahem zu etablieren müsse die Unternehmenskultur darauf abgestimmt werden. Z.B. werde Mobile-Coaching von den Unternehmen nicht als Arbeit betrachtet. Somit wird die Bereitschaft der Mitarbeiter zur Teilnahme an Mobile-Coaching-Maßnahmen nicht gesteigert. Mobile-Coaching müsse daher als vollwertige Arbeitszeit von den Unternehmen akzeptiert werden.

Eine Kosten-Nutzen-Analyse werde von den Coachees der Diplom-Psychologin nach dem Abschluss der Mobile-Coaching-Maßnahmen nicht durchgeführt. Die meisten ihrer Kunden standen kurz vor dem Firmenwechsel oder der Entlassung. Somit wären evtl. hohe Kosten für die Personalfreisetzung und die Personalbeschaffung für die Unternehmen angefallen. Eine Kostenprognose fand aber nie statt. Die Diplom-Psychologin klärt vor Beginn des Mobile-Coachings die Ziele und zieht am Ende eine Bilanz, inwiefern das Anliegen der/des Coachees geklärt wurde und ob die Ziele erreicht sind. Eine zahlenmäßige Erfolgsmessung wird nicht durchgeführt.

4.2.5 Zusammenfassung des Interviews mit der Diplom-Psychologin

Die Potentiale von Mobile-Coaching als Personalentwicklungsmaßnahme werden momentan von den Unternehmen nicht erkannt, bzw. bewusst aufgrund von Vorurteilen und bereits fest in die Personalentwicklung integrierten Face-to-Face Coaching-Maßnahmen verdrängt.

Es sei ein hoher Beratungs- Aufklärungs- und Überzeugungsaufwand zu leisten, um den Unternehmen die Vorteile und die Nachhaltigkeit von Mobile-Coaching als vollwertige Personalentwicklungsmaßnahme zu kommunizieren. Schwerpunktmäßig eignet sich Mobil-Coaching speziell für Führungskräfte mit hohen Anforderungen an die zeitliche Flexibilität. Steigende Tendenzen für ein Marktwachstum seien zu erkennen, die damit verbundenen Chancen für die Unternehmen müssen jedoch klar beworben werden und eine Marktbelebung durch verstärkte Wettbewerbsintensität, z.B. durch neue Mobile-Coaching-Anbieter, muss geschaffen werden.

Im anschließenden Kapitel folgt die Auswertung des Interviews mit einer Diplom-Betriebswirtin, welche Mobile-Coaching einsetzt, um ihre nationalen und internationalen Geschäftspartner zu beraten.

4.3 Auswertung des ExpertInneninterviews mit einer Diplom-Betriebswirtin

Das Interview mit der Diplom-Betriebswirtin wurde telefonisch durchgeführt Das Interview dauerte 80 Minuten. Anhand des Interviewleitfadens[182] sollten folgende Themenschwerpunkte erfasst werden:

- Einleitung
- Fragen zum Konzept Mobile-Coaching
- Fragen zur Marktsituation von Mobile-Coaching
- Fragen zu Mobile-Coaching in der Personalentwicklung

Alle Fragenwurden anhand des Interviewleitfadens gestellt und beantwortet. An einigen Stellen wurden Nachfragen eingebracht, die Interviewte Diplom-Betriebswirtin ergänzte an manchen Stellen eigene und weiterführende Ansichtigen.

4.3.1 Einleitung

Gesprächseinleitung sowie Informationen über die interviewte Person und ihre Tätigkeit wurden zuerst erhoben:

Die 34- jährige Interviewpartnerin hat an der *Interntional Business School Bremen* Betriebswirtschaft studiert. Während ihres Studiums hat sie ein Arbeitsangebot der Commerzbank bekommen. Sie war zwei Jahr im Backoffice der EDV-Abteilung für den Aktienhandel eingesetzt. Anschließend wechselte sie Ihre Position intern und wurde Gruppencontroller der EDV-Abteilung. Danach wechselte die Diplom-Betriebswirtin in die Personalabteilung der Commerzbank und war für das Personalcontrolling und die Coaching-Maßnahmen verantwortlich. Im Jahre 2001 wanderte sie nach Neuseeland aus und war dort im Marketing und Verkauf eines Elektronikkonzerns angestellt. Anschließend übernahm sie die Geschäftsführung eines Jacht-Clubs. 2005 gründete sie ihr Einzelunternehmen und ist seitdem selbständig. Hauptgeschäftsbereiche sind die Vermarktung von Ernährungszusatzstoffen. Hierbei liegt der Fokus auf der internationalen Vermarktung und der Akquirierung von neuen Geschäftspartnern. Dies wird hauptsächlich über Internetwerbung, mündliche Empfehlungen und Zeitungsartikel erreicht.

---

[182] Vgl. Anhang 1.

Die Geschäftspartner können während der Zusammenarbeit über Mobil-Coaching Beratungsleistung in Anspruch nehmen. Weiterhin vermarktet das Unternehmen Segelausrüstung und führt für verschiedene lokale Firmen die Buchhaltung durch.

Im folgenden Kapitel werden die Fragen zum zweiten Themenblock des Interviews dargestellt: Es wurden wurde Fragen zum Mobile-Coaching-Konzept geklärt.

4.3.2 Fragen zum Konzept Mobile-Coaching

In diesem Interviewabschnitt wurden speziell Fragen zu den eingesetzten Medien, zu den Vor- und Nachteilen von Mobile-Coaching, zur Einordnung von Mobile-Coaching in das Coaching-Konzept und zum Zeitbedarf beantwortet.

Innerhalb des *„Business-Networks"* der Diplom-Betriebswirtin werde für das Mobile-Coaching der internationalen Geschäftspartnern/ -innen eine Mischung aus synchronen und asynchronen Medien genutzt. *„Voice over IP"*[183] Chat[184] und Festnetzleitungen werden für die synchrone Kommunikation eingesetzt. Über die, spezielle für das Unternehmen entwickelte, Software *„OBC-PRO"* werde die asynchrone Kommunikation durchgeführt. Hierbei geben die asynchronen Medium die Struktur vor und die Inhalte des Mobile-Coaching werden vermittelt. Über die synchronen Medien werden im Anschluss Elemente des Mobile-Coaching vertieft und ausgearbeitet.

Akzeptanzprobleme liegen seitens der Geschäftspartner für die Nutzung von Mobile-Coaching nicht vor. Es sind alle selbständige Unternehmer, das Wichtigste ist die Entwicklung der Geschäftsbeziehung. Die Akzeptanz entstehe durch die zeitliche und örtliche Flexibilität. Globales Mobile-Coaching, auch von zu Hause aus, sei die Grundlage für eine erfolgreiche Zusammenarbeit in dem *„Business-Network"* der Diplom-Betriebswirtin. Dies sei nach der Meinung der Diplom-Betriebswirtin auch der größte Vorteil von Mobile-Coaching und den damit verbundenen Interaktionsmöglichkeiten. Durch die örtliche Unabhängigkeit sei ein weitaus größerer Markt zu bedienen. Das geschäftsinterne Mobile-Coaching sei viel abstrakter und anonymer. Nur in Ausnahmefällen lerne die Diplom-Betriebswirtin ihre Geschäftspartner und gleichzeitig die Coachees persönlich kennen.

---

[183] Vgl. Kapitel 3.4.2.
[184] Vgl. Kapitel 3.4.1.

Die Kosten seien ein weiterer Vorteil. Ohne Mobile-Coaching und den vergleichsweise geringen Kosten gegenüber Face-to-Face Coaching[185] wäre es nicht möglich, das Geschäftsnetzwerk aufrecht zu erhalten. Es seien hohe Kosten durch die Entwicklung der Geschäfts- und Coaching-Plattform entstanden, die laufenden Kosten würden jedoch durch die Nutzung der günstigen bzw. kostenfreien Kommunikationskanäle gering sein.

Wichtig sei die Kombination aus asynchroner und synchroner Kommunikation. Die synchrone Kommunikation wirke speziell netzwerkbildend, weil ein persönlicher Beziehungsaufbau nicht möglich sei. Die Beziehung sei für die Motivation innerhalb des Mobile-Coaching-Prozesses sehr wichtig. Das Vertrauen hier essentiell. Diese könne, nach Meinung der Diplom-Betriebswirtin, die asynchrone Kommunikation allein nicht aufbauen.

Als einziger Nachteil wurde von der Diplom-Betriebswirtin genannt, dass für die Coachees die Möglichkeit bestehe, sich aus dem Coaching-Prozess ohne Begründung zurückzuziehen. Dies habe den Hintergrund, dass es schwieriger sei, eine persönliche Verpflichtung und Verbundenheit aufzubauen.

Eine Abgrenzung von Coaching, Supervision, Mentoring und der Psychotherapie sei in der Theorie möglich. In den Mobile-Coaching-Prozessen der Diplom-Betriebswirtin fließen von allen genannten Disziplinen Elemente mit ein. Somit sei eine eindeutige Abgrenzung in der Praxis nicht möglich.

Innerhalb des Netzwerkes der Diplom-Betriebswirtin unterliege das Mobile-Coaching keinem zeitlichen Rahmenbegrenzungen. Je weiter sich eine Geschäftsbeziehung entwickelt, umso intensiver werden Mobile-Coaching-Maßnahmen intergiert. Je höher man sich qualifiziere, desto anspruchsvoller würde das Mobile-Coaching. Es sei ein fortdauernder Prozess auf allen Hierarchieebenen.

Im folgenden Kapitel werden die Fragen zum dritten Themenblock des Interviews dargestellt. Hier wurden Fragen zur Marktsituation von Mobile-Coaching gestellt.

---

[185] Vgl. Kapitel 2.4.2.

4.3.3 Fragen zur Marktsituation von Mobile-Coaching

Speziell Fragen zur Historie, zur Wettbewerbssituation, den Tendenzen und zu den Zielgruppen von Mobile-Coaching wurden in diesem Abschnitt des Interviews gestellt.

Die Diplom-Betriebswirtin nutze Mobile-Coaching seit 2006. Durch die Möglichkeit der weltweiten kostengünstigen elektronischen Interaktion habe das *„Business-Network"* der Diplom-Betriebswirtin gegenüber Mitbewerbern einen großen Wettbewerbsvorteil. Das Mobile-Coaching sei keine ergänzende Methode zu Face-to-Face Coaching. Ohne das Mobile-Coaching und die damit verbunden Möglichkeiten würde das Netzwerk nicht existieren.

Potential sei nach Meinung der Diplom-Betriebswirtin für die Zukunft vorhanden. Besonders in traditionsreichen deutschen Unternehmen mit klaren Richtlinien und Strukturen sei eine Integration von Mobile-Coaching über ein Online-System denkbar. Die Möglichkeiten des Mobile-Coaching müssen den Verantwortlichen näher gebracht werden, damit die Unternehmen ihre Firmenkultur auf die Nutzung von elektronischer Kommunikation für Coaching-Prozesse vorbereiten und die Akzeptanz dafür geschaffen würde. Momentan erkennen die Unternehmen den Handlungsbedarf noch nicht. Prozessorientierte und kundenorientierte Wettbewerbsvorteile können hier durch Mobile-Coaching stark ausgebaut werden.

Die Coachees und Geschäftspartner der Diplombetriebswirtin kommen aus allen Gesellschaftsschichten. Eine klare Eingrenzung auf eine Altersstruktur oder Bildungsherkunft sei nicht möglich. Generell sei die Affinität zu den elektronischen Medien bei älteren Coachees niedriger, dieses Problem werde aber durch das Ziel einer erfolgreichen geschäftlichen Zusammenarbeit überwunden.

Im folgenden Kapitel werden die Fragen des vierten Themenblocks des Interviews mit der Diplom-Betriebswirtin dargestellt.

4.3.4 Fragen zu Mobile-Coaching in der Personalentwicklung

In diesem Interviewabschnitt wurden Fragen zu der Einordnung, Zielsetzung, zu den Voraussetzungen und der Erfolgsmessung von Mobile-Coaching in der Personalentwicklung an die Diplom-Betriebswirtin gestellt.

Das Wichtige sei, dass eine umfassende Betreuung stattfindet. In das System seien neben den Mobile-Coaching auch E-Learning Elemente integriert. Spezielle Fertigkeiten und Kompetenzen, wie man Kunden finden, und mit ihnen sprechen würde. Wie Mitarbeiter weitergebildet werden, wie Probleme reflektiert und Lösungen gefunden werden seien beispielhafte Inhalte der Lernumgebungen des Systems der Diplom-Betriebswirtin. Die Optimierung dieser Fähigkeiten wirken sich positiv auf die Wettbewerbsfähigkeit aus. Mobile-Coaching sei somit auf allen Ebenen der Personalentwicklung wiederzufinden. Auf der arbeitsplatzbezogenen Kompetenzerweiterung, der individuellen Laufbahnentwicklung und der Entwicklung der Wettbewerbsfähigkeit der kompletten Organisation. Die individuelle Entwicklung der Mitarbeiter und Geschäftspartner stehe jedoch im Fokus.

Grundsätzlich würde sich Mobile-Coaching für alle fünf Bereiche der Personalentwicklungsmaßnahmen eignen und wird von der Diplom Betriebswirtin in diese integriert. *„Into-the-job"* wird nach der Akquirierung von neuen Geschäftspartnern genutzt, um diese in das System zu integrieren. *„On-the-job"* bildet den Schwerpunkt im Mobile-Coaching-Prozess der Diplom-Betriebswirtin. Hierbei stehe das praxisnahe und handlungsorientierte Coaching im Vordergrund, was essentiell für eine erfolgreiche Zusammenarbeit sei. Mobile-Coaching *„on-the-job"* wird primär asynchron über die speziell entwickelte Software *„OBC-Pro"* durchgeführt. *„Along-the-job"* und *„near-the-job"* ziele darauf ab, spezielle Fähigkeiten der Geschäftspartner zu verbessern, Problem zu analysieren und zu reflektieren. Im Rahmen von Mobile-Coaching-Seminaren und Trainingskonferrenzen werden diese Gruppen der Personalentwicklungsmaßnahmen bedient. *„Out-of-the-job"* diene der Problemanalyse von ausscheidenden Geschäftspartnern. Ziel sei in jedem Fall die Reintegration in das System.

Als wichtigste Rahmenbedingung für Mobile-Coaching setze die Diplom-Betriebswirtin Aufgeschlossenheit gegenüber den elektronischen Medien, Motivation und Selbstdisziplin voraus.

Die wichtigste Art von Erfolg beim Mobile-Coaching sei nach Meinung der Diplom-Betriebswirtin der „emotionale Erfolg". Um das komplexe Netzwerksystem der Diplom-Betriebswirtin zu optimieren, sei der individuelle Fortschritt in der persönlichen Entwicklung aller beteiligten Geschäftspartner notwendig. Der Erfolg im Coaching werde nicht an Umsatzzahlen festgemacht, wofür ausreichend messbare Indikatoren vorliegen. Die Schwierigkeit sei, die persönliche und emotionale Wirkung zu messen. Dafür würden keine messbaren Kennzahlen existieren.

4.3.5 Zusammenfassung des Interviews mit der Diplom-Betriebswirtin

Mobile-Coaching sei eine der Grundlagen für das Geschäftsmodell der Diplom-Betriebswirtin. Ohne die Nutzung von kostengünstigen elektronischen Kommunikationskanälen würde das System nicht funktionieren. Dies sei besonders essentiell in Hinblick auf die, im Vergleich zu Deutschland, geographisch isolierte Lage von Neuseeland und der internationalen Geschäftstätigkeit der Diplom-Betriebswirtin. Für die Zukunft würden sich positive Entwicklungen für die Implementierung von Mobile-Coaching auch in deutschen Unternehmen abzeichnen. Speziell für Personalentwicklungsmaßnahmen *„on-the-job"* eigne sich der Einsatz von Mobile-Coaching. Hierbei können für die Unternehmen verstärkt prozessorientierte und kundenorientierte Wettbewerbsvorteile entstehen. Die technischen Voraussetzungen würden bereits vor liegen, die Chancen und Vorteile, welche sich durch die Nutzung von Mobile-Coaching den Unternehmen bieten, müssen verstärkt publiziert werden und es müsse eine Akzeptanz innerhalb der Unternehmen geschaffen werden.

Bezüglich der eingesetzten Medien hat die Diplom-Betriebswirtin betont, dass ausschließlich eine Mischung aus zeitversetzten und zeitgleichen Kommunikationskanälen ein erfolgreiches Mobile-Coaching ermögliche. Der Beziehungsaufbau stelle die Basis für die zwischenmenschliche Kommunikation dar und bilde die Grundlage, um die Wirkung der Mobile-Coaching-Maßnahmen zielgerecht einsetzten zu können. Dieser Beziehungsaufbau zwischen dem Coachee sei nach Meinung der Diplom-Betriebswirtin allein über die asynchrone Kommunikation zu schwer durchführbar.

Im anschließenden Kapitel folgt die Auswertung des Interviews mit einer Diplom-Psychologin, welche Gesellschafterin einer Unternehmensberatung ist

4.4 Auswertung des ExpertInneninterviews mit einer Diplom-Psychologin

Das Interview dauerte 85 Minuten und wurde telefonisch durchgeführt. Die folgenden Themenschwerpunkte wurden in dem Interview mit der Diplom-Psychologin erfasst, welche anhand des Interviewleitfadens[186] gestellt wurden:

- Einleitung
- Fragen zum Konzept Mobile-Coaching
- Fragen zur Marktsituation von Mobile-Coaching
- Fragen zu Mobile-Coaching in der Personalentwicklung

4.4.1 Einleitung

Seit ihrem Studium der Psychologie an der Universität Göttingen ist die Diplom-Psychologin an das Thema Mobile-Coaching gebunden. Im Studienschwerpunkt belegte sie das Fach der *Computervermittelten Kommunikation*. Die Diplom-Psychologin ist 35 Jahre alt und war nach ihrem Studium von 1999 bis 2004 bei der Firma *Kienbaum Consultants International GmbH* als Personalberaterin tätig. Dort war Sie in den klassischen Feldern Diagnostik, Training, Coaching und Change-Management beschäftigt. Zusätzlich hat sie von dem Unternehmen eine Coaching-Ausbildung bekommen und erwarb ihr Rüstzeug für den Präsenzbereich im Coaching. Seit 2000 ist sie ausschließlich im Bereich Coaching tätig. Seit Ende des Jahres 2004 ist sie Inhaberin einer Unternehmensberatung mit zwei Mitarbeitern /-innen. Hauptgeschäftsbereich ist die klassische präsenzbasierende Personalentwicklung. Seit 2006 konzentriert sich ein Teil ihrer Tätigkeiten auf den Bereich „*Blended Learning*". Angeboten wird komplette Beratung, sowohl technisch, als auch inhaltlich in Blended-Learning-Prozessen. Mobile-Coaching ist ein Teil davon. Es werden primär Lernprozesse konzipiert und umgesetzt.

Netzwerkmarketing sei die Hauptmethode zur Akquisition von neuen Kunden und Projekten. Nur durch die Aktivität in Beraternetzwerken würde es, nach Aussage der Diplom-Psychologin, in dieser Branche möglich sein, Erfolg zu haben. Zusätzlich werden Mailingaktionen und klassische Werbung hinzugezogen. Diese Maßnahmen seien jedoch ausschließlich komplementär.

---

[186] Vgl. Anhang 1.

4.4.2 Fragen zum Konzept Mobile-Coaching

In den Mobile-Coaching-Prozessen der Diplom-Psychologin würden ausschließlich asynchrone Medien angewendet. Das schriftliche, überdachte Reflektieren sei der größte Wirkungsfaktor beim Mobile-Coaching. Dazu hat die Diplom-Psychologin in Zusammenarbeit mit einer Softwareentwicklungsfirma eine eigene Anwendung entwickelt, welche auf der Foren-Systematik[187] aufbaut. Die Software sei ähnlich den Phasen einen Präsenzcoachings aufgebaut[188]. Ziele, Aufgaben und Themen haben alle einen festen Bereich innerhalb der Software. Die laufende Kommunikation sei stets präsent und kann auch zu einem späteren Zeitpunkt erneut aufgerufen und verfolgt werden.

Akzeptanzproblem von potentiellen Coachees würden nur äußerst selten vorliegen. Diese beziehen sich primär auf die Datensicherheit. Häufig bestehen nach Aussage der Diplom-Psychologin seitens der Coachees Bedenken, dass externe Personen Zugriff auf das System haben könnten; z.B. Mitarbeiter innerhalb der Firma, welche den Rechner des Coachees nutzen, oder sogar Vorgesetzte. Die Datensicherheit wird mit Hilfe einer SSL-Verschlüsselung sichergestellt.

Hauptvorteil des Mobile-Coaching sei die schriftliche Reflexion. Die zeitverzögerten Antworten der Coachs und der Coachees führe dazu, dass Themen angesprochen werden, welche in einem persönlichen Gespräch erst viel später oder nie thematisiert würden. Die private Selbstaufmerksamkeit in Verbindung mit der Anonymität würden zu offenen und direkten Coachings führen. Als weiter wichtige Vorteile nannte die Diplom-Psychologin die örtliche und zeitliche Flexibilität sowie die Kontinuität. Eine vergleichbar hohe Kontaktfrequenz wie sie im Mobile–Coaching vorherrsche, sei mit einem Face-to-Face Coaching nicht erreichbar. Der Beziehungsaufbau zwischen Coach und Coachee sei relativ einfach über die elektronischen Medien. Dies setze voraus, dass der Coach die richtigen Signale gebe. Das Zuhören, Wiedergeben, Wertschätzen und die Zuverlässigkeit der Antwort seien hierbei Wirkungsfaktoren. Die Beziehungsqualität habe beim Mobile-Coaching sehr große Bedeutung und sei eine viel wesentlichere Einflussgröße als bei einem Face-to-Face-Coaching.

Als Nachteil nannte die Diplom-Psychologin, dass es bei der asynchronen Kommunikation dem Gegenüber leichter fallen würde, Unwahres zu kommuni-

---

[187] Vgl. Kapitel 3.3.3.
[188] Vgl. Kapitel 2.3.8.

zieren. Dies würde im Gegensatz zu einem Face-to-Face Coaching viel später aufgedeckt werden, wenn es überhaupt erkannt werden würde. Dies sei teilweise der Fall, wenn die Coachees von ihren Arbeitgebern „gezwungen" werden, an einem Coaching teilzunehmen. Die Beratung solcher Coachees versuche die Diplom-Psychologin zu vermeiden; dies geschiehe durch ein explorierendes Vorgespräch.

Der Zeitaufwand für ein Mobile-Coaching sei etwas höher als für ein Face-to-Face Coaching. Nach der Erfahrung der Diplom-Psychologin sei eine Woche Mobile-Coaching, mit zwei bis drei Wochenkontakten, vergleichbar mit einer Präsenzsitzung mit einer Dauer von vier Stunden. Hier spiele das Nachdenken und schriftliche Fixierung eine große Rolle. Die Mobile-Coaching-Prozesse der Diplom-Psychologin dauern in der Regel zehn bis zwölf Wochen. Nach drei Monaten erfolge seitens der Diplom-Psychologin eine Nachfrage. Mobile-Coaching sei nach Ansicht der Diplom-Psychologin ein klar abgeschlossener Prozess.

Die Psychotherapie, Mentoring und Supervision seien theoretisch klar vom Coaching abzugrenzen. In der Praxis würde Coaching oft unter dem „Decknamen" der Supervision eingesetzt, um sich Zugang zu den Klienten zu verschaffen[189]. Dies gelte es zu vermeiden.

4.4.3 Fragen zur Marktsituation von Mobile-Coaching

Mobile-Coaching sei seit ungefähr fünf Jahren auf dem deutschen Markt präsent. In Amerika und Ozeanien würde das System schon weiter verbreitet sein. Nach Aussage der Diplom-Psychologin müsse Mobile-Coaching in Deutschland sehr intensiv verkauft und erklärt werden. Vertrauen müsse bei den Unternehmen geschaffen werden. Starke Lobbyarbeit von traditionellen Coaching-Anbietern erschwere die Entwicklung und Implementierung von Mobile-Coaching auf dem deutschen Markt.

Das Alter sei nach Aussage der Diplom-Psychologin kein Hemmnis. Die „young professionals" in den Unternehmen seien an die Online-Kommunikation gewöhnt. Zudem gebe es die sogenannten „Silver-Surfer", welche die elektronischen Medien entdecken. Wichtig sei eine intensive Lobbyarbeit seitens aller Mobile-Coaching-Anbieter. Wissenschaftliche Studien zu dem Thema Mobile-Coaching müssen verstärkt unterstützt werden. Die Wirkungsfaktoren beim Mo-

---

[189] Vgl. Kapitel 2.4.1.

bile-Coaching würden sich oft besser untersuchen lassen als bei Face-to-Face-Coaching. Aufgrund der schriftlichen Fixierung. Gerade die prozessorientierten und kundenorientierten Vorteile des Mobile-Coaching müssen den Unternehmen kommuniziert werden.

Die Coachees der Diplom-Psychologin kommen aus allen Berufsbranchen, mit Ausnahme der Banken und Versicherungen. Durchschnittlich sind die Coachees über 40 Jahre alt. Die Unternehmen würden selten viel Geld für die jungen Mitarbeiter investieren, um professionelle Einzel-Coachings durchzuführen. 90% aller Coachees kommen aus dem gehobenen Management, die restlichen 10% aus dem mittleren Management.

Nach Meinung der Diplom-Psychologin müssten die Unternehmen viel mehr Geld in die *"young professionals"* und Mitarbeiter/-innen aus dem mittleren Management investieren. Eine professionelle Beratung vom Anfang der Entwicklungskurve sei bei jungen Mitarbeitern wichtig, um Zusatzkompetenzen früh zu erwerben. Somit würden weitere kostenintensive Personalentwicklungsmaßnahmen im späteren Verlauf der Berufstätigkeit nicht mehr notwendig sein.

4.4.4 Fragen zu Mobile-Coaching in der Personalentwicklung

Aus diesem Grund sei es für die Diplom-Psychologin wichtig, dass Mobile-Coaching in Zukunft als Personalentwicklungsmaßnahme *"into-the-job"* angewendet würde. Z.B. schon während des Studiums an Universitäten oder beim Eintritt in ein Unternehmen. Der Schwerpunk von Mobile-Coaching als Personalentwicklungsmaßnahme liege nach Ansicht der Diplom-Psychologin auf *"on-the-job"*, also dem handlungsorientierten Lernen im Prozess der Arbeit. Der Fokus liege beim Mobile-Coaching auf einer Verhaltensänderung, der *"Insentiv-Gedanke"* dabei, die Produktivität zu steigern, stehe bei den Personalverantwortlichen natürlich im Vordergrund.

Freiwilligkeit, Datensicherheit und eine innovative Unternehmenskultur seien neben den technischen Voraussetzungen nach Aussage der Diplom-Psychologin wichtige Rahmenbedingungen, um Mobile-Coaching in Unternehmen als Personalentwicklungsmaßnahme implementieren zu können.

Die meisten Unternehmen würden den Erfolg von Coaching nicht messen. Die Diplom-Psychologin wird auf das Thema Erfolgsmessung von den Unternehmen auch nicht angesprochen bzw. wird von den Personalverantwortlichen nicht nachgefragt, ob der Erfolg messbar sei. Die Diplom-Psychologin führt

Vorher-/Nachherbefragungen und Zielgespräche durch. Weiterhin wird die Zufriedenheit der Coachees evaluiert.

4.4.5 Zusammenfassung des Interviews mit einer Diplom-Psychologin

Die Diplom-Psychologin erreicht die effektivste Wirkungsentfaltung von Mobile-Coaching durch die Nutzung von asynchronen Kommunikationskanälen. Die schriftliche Reflexion sei hierbei das Kernelement.

Bei der Implementierung von Mobile-Coaching auf dem deutschen Markt müsse noch viel „Pionierarbeit" geleistet werden, um die Unternehmen vom Erfolg von Mobile-Coaching als Personalentwicklungsmaßnahme zu überzeugen. Wichtig sei hierbei die Sicherheit der Daten. Viele Unternehmen würden die Coaching-Sofware aufgrund von internen vertraulichen Coaching-Inhalten nur auf dem firmeneigenen Server installieren wollen. Somit würde aber Zugriff von dritten Personen auf die Coaching-Inhalte gegeben sein. Die Diplom-Psychologin stellt das Vertrauen zwischen Coach und Coachee und die Immunität der Coaching-Inhalte als Grundpfeiler, auch in Hinblick auf einen erfolgreichen Beziehungsaufbau, dar. Aus diesem Grund führt die Diplom-Psychologin keine Beratung von Unternehmen durch, die eine solche interne Serverlösung anstreben. Diese Differenzen der Datensicherheit müssen durch eine ausgereifte Verschlüsselungstechnik und Verschwiegenheitsabkommen umgangen werden.

Der Mobile-Coaching Markt müsse nach Ansicht der Diplom-Psychologin belebt und Wettbewerb muss geschaffen werden. Eine Lobby sei sehr wichtig, um gegen die Wiederstände traditioneller Coaching Anbieter anzukommen. Netzwerkbildung und Zusammenarbeit aller Mobile-Coaching-Anbietern sei hier gefragt. Die Vorteile, besonders die Kostenvorteile, des Mobile-Coaching gegenüber Face-to-Face Coaching müssen klar kommuniziert werden, um z.B. auch den jungen Arbeitnehmern, mit viel Entwicklungspotential, Zugang zu professioneller Beratung schaffen zu können.

4.5 Auswertung des ExpertInneninterviews mit einem Diplom-Betriebswirt

Der Diplom-Betriebswirt wurde 70 Minuten anhand des Interviewleitfadens interviewt[190]. Das Gespräch wurde telefonisch geführt und aufgezeichnet. Folgende Inhalte wurden erfasst:

- Einleitung
- Fragen zum Konzept Mobile-Coaching
- Fragen zur Marktsituation von Mobile-Coaching
- Fragen zu Mobile-Coaching in der Personalentwicklung

4.5.1 Einleitung

Der 28 jährige Diplom-Betriebswirt hat an der *„Europa-Universität-Viadrina"* in Frankfurt/Oder im Jahre 2006 sein Studium abgeschlossen. Während seines Studiums hat er in Australien ein Auslandssemester an der *„MacQuarie-Universität"* durchlaufen. Dort hat er zusätzlich den Master-Abschluss in *„International Business & Communications"* erworben. Während seines Studiums spezialisierte er sich auf die Entwicklung interkultureller Kompetenzen. Anschließend an sein Studium absolvierte der Diplom-Betriebswirt noch ein einjähriges Praktikum in Ausralien bei einer Unternehmensberatung und war anschließend für sechs Monate als Projektmanager bei dem Unternehmen „Intercultures", einer Unternehmensberatung für interkulturelle Kompetenzen, Trainings und Coaching, angestellt. Seit 2009 ist der Diplom-Betriebswirt selbständiger Unternehmer. Kerngeschäft seines Unternehmens ist Vermittlung von interkulturellen Kompetenzen über Mobile-Coaching und die Bereitstellung von virtuellen Lernwelten für Unternehmen.

Die Akquisition neuer Kunden erfolgt über Beraternetzwerke und Kundenempfehlungen. Klassische Werbung führt der Diplom-Betriebswirt nicht durch. Sowohl nationale, als auch internationale Kunden werden betreut. Besonders häufig nehmen Coachees seine Beratungsleistung in Anspruch, wenn sie sich bereits im Ausland befinden.

---

[190] Vgl. Anhang 1.

4.5.2 Fragen zum Konzept Mobile-Coaching

Der Diplom-Betriebswirt stellt für Unternehmen virtuelle Lernplattformen bereit. Diese basieren auf dem System „Moodle". Für die Mobile-Coachings im Bereich der Vermittlung von interkulturellen Kompetenzen greift der Diplombetriebswirt ebenfalls auf die Lernplattform „*Moodle*" zurück. Dieses System ist nach seinen und den Bedürfnissen der Coachees optimiert und gestaltet.

Schwerpunktmäßig wird in den Mobile-Coachings die zeitversetzte Kommunikation eingesetzt. Vor jedem Mobile-Coaching findet eine Face-to-Face- Treffen mit den Coachees statt. Dies sei nach Meinung des Diplom-Betriebswirts wichtig, um einen Grundstein für den Beziehungsaufbau zwischen dem Coach und den Coachees legen zu können. Der Aufbau einer Beziehung sei ohne ein vorheriges persönliches Kennenlernen nicht möglich, bzw. nur schwer erreichbar. Bei Bedarf würden weitere Face-to-Face Elemente in den Mobile-Coaching Prozess integriert werden, wenn die Möglichkeiten dazu bestehen. Mobile-Coaching sei somit nach Aussage des Diplom-Betriebswirts eine komplementäre Methode zu Face-to-Face-Coaching.

Akzeptanzprobleme gegenüber der Nutzung der elektronischen Kommunikationskanäle würden kaum vorliegen. Gerade bei der Vermittlung interkultureller Kompetenzen würden die meisten Kunden wissen, dass nur eine Kommunikation über die elektronischen Medien durchführbar sei, besonders wenn sich die Coachees bereits im Ausland befinden würden. Das System werde akzeptiert. Die schriftliche Reflexion werde dabei von den Coachees als gewinnbringend betrachtet. Diese schriftliche Fixierung in Verbindung mit der zeitlichen und örtlichen Unabhägigkeit wird als großer Vorteil durch den Diplom-Betriebswirt eingestuft. Nennenswerte Nachteile des Mobile-Coaching wurden keine genannt.

Die Mobile-Coachings des Diplom-Betriebswirts dauern durchschnittlich sechs bis zwölf Wochen. Dabei finden regelmäßige Kontakte statt, durchschnittlich zwei bis drei pro Woche. Dies sei abhängig von den Coachees und deren zeitlichen Möglichkeiten. Nach Abschluss des Coachings wird keine weitere Thematisierung durchgeführt.

4.5.3 Fragen zum Konzept Mobile-Coaching

Der Mobile-Coaching Markt sei in Deutschland momentan sehr übersichtlich. Das System habe ungefähr im Jahre 2006 den deutschen Markt erreicht, müsse jedoch noch stark etabliert werden, um eine Akzeptanz bei den Unternehmen schaffen zu können. Der Diplom-Betriebswirt bezeichnet Mobile-Coaching momentan als „Nice-to-Have" für die Unternehmen.

Der Trend zum virtuellen Coaching werde bisher kaum oder gar nicht von den Unternehmen verfolgt. Besonders die prozessorientierten Vorteile des Mobile-Coaching müssen den Verantwortlichen der Personalentwicklung näher gebracht werden. Die Zukunftsaussichten für die Implementierung von Mobile-Coaching als Personalentwicklungsmaßnahme stuft der Diplom-Betriebswirt auf dem deutschen Markt als hoch ein.

Die Coachees, welche der Diplom-Betriebswirt betreut, sind durchschnittlich im Alter von 24 bis 40 Jahren und sind im mittleren Management der Unternehmen eingesetzt. Wenige Führungskräfte coacht der Diplom-Betriebswirt. Dies hat den Hintergrund, dass die Führungskräfte von den Unternehmen höhere finanzielle Unterstützung für Personalentwicklungsmaßnahmen bekommen würden und tendenziell auf persönliches Face-to-Face-Coaching zurückgreifen würden. Mit 60% Frauenanteil und 40% Männeranteil sind ist die Geschlechteraufteilung der Coachees des Diplom-Betriebswirts relativ ausgewogen.

4.5.4 Fragen zu Mobile-Coaching in der Personalentwicklung

Für die arbeitsplatzbezogenen Kompetenzerweiterung und die individuelle Laufbahnentwicklung sei Mobile-Coaching eine sehr effektive Personalentwicklungsmaßnahme. Besonders für die Mobilitätsprozesse von weltweit tätigen Unternehmen eigne sich Mobile-Coaching für die Mitarbeiter. Die Vermittlung von interkulturellen Kompetenzen sei durch Mobile-Coaching sehr gut durchführbar. Der Erwerb von zusätzlichen Qualifikationen und Verhaltensänderungen, welche das Ziel von Mobile-Coaching in der Personalentwicklung abbilden, seien nach Meinung des Diplom-Betriebswirtes auch bei Versetzung der Coachees in ausländische Funktionsbereiche des Unternehmens sehr gut erreichbar. Besonders für die Erschließung und den Erwerb von neuen Fähigkeiten in Verbindung mit potentialorientierten Maßnahmen, also Personalentwicklungsmaßnahmen *„along-the-job"*, sei Mobile-Coaching eine wirkungsvolle Methode.

Für Personalentwicklungsmaßnahmen im Prozess der Arbeit, *„on-the-job"*, und für Verhaltensänderungen, welche nicht an den Arbeitsplatz gebunden sind und ausserhalb der Arbeitszeit stattfinden, also *„near-the-job"*, eignee sich Mobile-Coaching ebenfalls sehr gut.

Wichtig sei hierbei eine Unternehmenskultur, welche das Mobile-Coaching als eine vollständige Personalentwicklungsmaßnahme anerkennt. Mobile-Coaching müsse von den Verantwortlichen in den Unternehmen als „Arbeit" anerkannt sein. Dies sei eine Grundvoraussetzung. Dieses Bewußtsein müsse innerhalb der deutschen Unternehmen erst noch geschaffen werden. Weiterhin müsse die Technikaffinität bei den Coachees vorhanden sein, und die technischen Voraussetzung in den Unternehmen für die Kommunikation über die elektronischen Medien vorliegen. Dies seien aber zumeist selbsterfüllende Voraussetzungen, welche keinen Handlungsbedarf erfordern würden.

In der Praxis werde von den Unternehmen, welche der Diplom-Betriebswirt betreut, keine Erfolgsmessung von Mobile-Coaching Maßnahmen durchgeführt. Dies würde in der Theorie möglich sein. Eine Kennzahlenanalyse könne durch die Unternehmen, z.B. anhand der Fluktuationsraten von im Auslandeingesetzten Mitarbeitern durchgeführt oder die Produktivitätssteigerung individueller Mitarbeiter kann gemessen werden. Eine Kosten-Nutzen-Analyse werde von den Unternehmen aufgrund damit verbunden hohen Aufwandes nicht durchgeführt.

4.5.5 Zusammenfassung des Interviews mit einem Diplom-Betriebswirt

Für weltweite und örtlich unabhängige Beratung sieht der Diplom-Betriebswirt das größte Potential für Mobile-Coaching. Diese prozessorientierten Vorteile , speziell als Personalentwicklungsmaßnahme „along-the-job", müssen den deutschen Unternehmen deutlich kommuniziert werden, damit Entwicklung und Implementierung des Systems auf dem deutschen Markt voranschreiten könne. Der Diplom-Betriebswirt schätzt das zukünftige Marktpotential als sehr hoch ein.

Der Beziehungsaufbau zwischen dem Coach und dem Coachee sei eine der Grundvoraussetzungen des Mobil-Coaching. Dies sei nur erreichbar durch asynchrone Kommunikation und die Einbindung von Präsenzelementen. Ausschließlich Kommunikation über die zeitversetzten Medien würde einen Beziehungsaufbau behindern.

Hauptzielgruppe bei Mobile-Coaching Maßnahmen seien nicht die Führungskräfte wie es bei Face-to-Face Coaching der Fall ist, sondern Angestellte aus dem mittleren Management. Dies sei bedingt durch die geringeren Kosten für Mobile-Coaching und den somit großflächigen Einsatz von Mobile-Coaching als Personalentwicklungsmaßnahme in Unternehmen.

4.6 Auswertung des ExpertInneninterviews mit einem Professor für allgemeine Pädagogik

Das Interview dauerte 45 Minuten und wurde telefonisch anhand eines individuell gestalteten Interviewleitfadens[191] geführt. Folgende Themengebiete wurden erhoben:

- Einleitung
- Fragen zum Konzept Mobile-Coaching
- Fragen zur Marktsituation von Mobile-Coaching
- Fragen zu Mobile-Coaching in der Personalentwicklung

Der Professor wurde 1950 geboren und studierte Erziehungswissenschaft, Psychologie, Germanistik und Geschichte. Seine Promotion im Jahre 1976 und Habilitation im Jahre 1985 befassten sich mit der Frage, wie Lernen gefördert werden kann. Nach seiner Berufung an die Helmut-Schmidt-Universität im Jahre 1985 für das Fach „Allgemeine Pädagogik, insbesondere Berufs- und Betriebspädagogik" konzentrierte er sich auf das Thema „Organisationslernen". Wesentliches Anliegen war ihm dabei immer ein möglichst enger Dialog zwischen Theorie und Praxis. Auf dieser Grundlage führte er vielfältige Praxisprojekte durch und verbesserte seine Beratungskompetenz durch eine mehrjährige Therapeutenausbildung. Er verfügt über umfangreiche Erfahrungen als Coach für Fach- und Führungskräfte, Konflikt-Coaching und System-Coaching.

---

[191] Vgl. Anhang 2.

4.6.1 Fragen zum Konzept Mobile-Coaching

Eine Komposition aus zeitgleichen und zeitversetzten Kommunikationskanälen biete nach Aussage des Professors das größte Potential für eine erfolgreiches Mobile-Coaching. Das Geschriebene der asynchrone Kommunikation über speziell entwickelte Plattformen in Verbindung mit zeitgleichen Kommunikationselementen sei sehr bedeutend. Wichtig sei die soziale Rahmung. Der Coachee dürfe niemals allein dastehen. Die Möglichkeit der Kontaktaufnahme müsse zu jeder Zeit gegeben sein, sowohl asynchron, als auch synchron. Der Professor arbeitet primär mit einer speziell programmierten Lernplattform, zusätzlich kommt Telefoncoaching zum Einsatz. Durch die Mischung aus asynchronen und synchronen Kommunikationskanälen würden auch die Akzeptanzprobleme bei den Coachees minimiert.

Konzeptionelle Grundlage des Mobile-Coaching sei das Face-to-Face-Coaching. Durch sehr ausgeprägte psychologische und analytische Fähigkeiten in Kombination mit den technischen Voraussetzung sei es möglich, das Konzept des Face-to-Face Coaching über die elektronischen Medien, ort- und zeitunabhängig einzusetzen. Mobile-Coaching sei dabei vollkommen eigenständige einsetzbar und keine komplementäre Methode zu einem Face-to-Face Coaching.

Der größte Vorteile sei nach Ansicht des Professors ökonomisch bedingt: Kosten würden reduziert und die zeitliche Flexibilität bringe weitere prozessorientierte Gewinne für die Coachees und die Unternehmen. Weiterhin seien psychologische Vorteile durch den Einsatz von Mobile-Coaching verzeichnen zu können. Die Komponenten des Selbstlernens und der Selbstorganisation würden gestärkt werden. Die Selbstreflexion, das Nachdenken über die Thematik und die Vor- und Nachbereitung des Coachings seien für den Coachee wertvolle didaktische und psychologische Vorteile.

Die Abgrenzung von den Beratungsdisziplinen Mentoring, Psychotherapie und der Supervision sollte theoretisch vollziehbar sein. Es würden in der Praxis immer supervisorische und Elemente der Psychotherapie mit in ein Coaching einfließen. Grundlegend würden diese beiden Disziplinen andere Traditionen und Ziele haben. Prozessberatung, so wie sie bei der Supervision zum Einsatz kommt, würde von den Führungskräften oft nicht akzeptiert. Expertenberatung sei beim Mobile-Coaching die Grundlage.

4.6.2 Fragen zur Marktsituation von Mobile-Coaching

Auf dem deutschen Markt seien positive Tendenzen zu erkennen. Mobile-Coaching ist ein „Marktneuling" und befände sich in der Marktphase der Einführung. Es sei ein Portfoliosegment mit vielen ungewissen Faktoren. Unklar sei, ob das System des Mobile-Coaching sich vollständig etablieren wird. Positives Marktpotential sei nach Meinung des Professors vorhanden, da der Zeitfaktor immer bedeutender wird. Die Unternehmen würden immer mehr Engpässe haben, Mitarbeiter für Seminare, Face-to-Face Coachings und Development-Center freizustellen. Diese Qualifikationen können sehr gut über Formate vermittelt werden, welche zeitschlanker, flexibler und kostengünstiger sind.

Diese Potentiale würden von den Unternehmen momentan nicht erkannt werden, bzw. seien nicht bekannt. Der Professor entwickelt in Zusammenarbeit mit dem „VW-Konzern" eine Mobile-Coaching System. Die Entwicklung und Implementierung ist am Anfang, dieses Projekts befindet sich in der Planungs- und Entwicklungsphase.

Vor ungefähr sieben Jahren habe Mobile-Coaching den deutschen Markt erreicht. Dieser innovative, bisher kleine, Markt dürfe nicht überfordert werden. Zeit und Geduld seien sehr wichtig.

Die beste Eignung für Mobile-Coaching besitzen nach Aussage des Professors Mitarbeiter des mittleren Managements. Fachkräfte mit Schlüsselqualifikationen mit viel Entwicklungspotential seien die Hauptzielgruppe. Das Face-to-Face Coaching werde im mittleren Management substituiert durch kostengünstiges Mobile-Coaching. Für das gehobene Management eigne sich Mobile-Coaching als Beimischung zu Face-to-Face Caoching, z.B. bei Auslandsaufenthalten. Die Führungskräfte würden weiterhin auf den „Luxus" eines Face-to-Face Coaching bestehen wollen.

4.6.3 Fragen zu Mobile-Coaching in der Personalentwicklung

Nach Aussage des Professors sei Mobile-Coaching in der Personalentwicklung sehr gut geeignet, um die Nachbereitung von verhaltensorientierten Trainings durchführen zu können. In der Praxis sei die Nachhaltigkeit solcher Trainings sehr gering. Dies sei betriebswirtschaftlich für die Unternehmen nur schwer vertretbar, da Trainings sehr kostenintensiv seien würden. Daher eigne sich Mobile-Coaching sehr gut, um im Nachhinein eine „Transfer-Coaching" durchführen und die Nachhaltigkeit der Trainings erhöhen zu können. Für Personalentwicklungsmaßnahme *„near-the-job"* sei Mobile-Coaching effektiv. Angewendet werde das System jenseits der Arbeitsprozesse, thematisch beziehe sich das Mobile-Coaching jedoch intensiv auch die Arbeitsprozesse.

Ziele seien die Produktivitätssteigerung und ein Performancemanagement. Diese würden durch die Förderung und Entwicklung von Handlungskompetenzen, Verhaltensänderungen und Motivationssteigerungen erreicht werden.

Die Erfolgsmessung von Mobile-Coaching als Personalentwicklungsmaßnahme in Unternehmen sei nach Aussage des Professors „ein kritisches Thema". Die Kosten seien leicht zu erfassen, der zahlenmäßige „Erfolg" sei schwer zu erkennen. Dies sei Ursachenbedingt. Die Prozesse müssen evaluiert und die Zielerreichung geprüft werden. Klare Zielformulierung zu Beginn des Mobile-Coaching sei dazu notwendig. Der Coachee müsse stets den Erreichungsgerad von ausformulierten Zwischenzielen während des Mobile-Coaching-Prozesses abschätzen können. Die Zielerreichung müsse sich auf beobachtet Fakten beziehen. In der Praxis würde eine Erfolgsmessung von Unternehmen hinsichtlich der Wirkung von Coaching und Mobile-Coaching kaum durchgeführt werden.

4.6.4 Zusammenfassung des Interviews mit einem Professor für allgemeine Pädagogik

Die erfolgreiche Implementierung von dem Beratungssystem Mobile-Coaching bedürfe hoher Aufmerksamkeit und besonders die ökonomischen Vorteile des Systems müssen den Unternehmen näher gebracht werden.

Dafür seien erfolgreiche Praxisbeispiele und ausführliche wissenschaftliche Studien notwendig. Der Erfolg müsse von den Coaching-Anbietern untersucht werden, um den Unternehmen Daten und Zahlen vorlegen zu können. Nur so sei eine Akzeptanz erreichbar. Zusätzlich müsse eine Marktbelebung herbeigeführt werden. Die momentane Wettbewerbssituation sei in Deutschland sehr übersichtlich, dies fördert nicht die Entwicklung des Systems.

Unklar seien die Erfolgsaussichten und die Akzeptanz der Unternehmen. Die Nutzung der Kombination von zeitgleichen und zeitversetzten Kommunikationskanälen würden erfolgsversprechend sein. Speziell Personalentwicklungsmaßnahmen, welche nicht an den Arbeitsplatz gebunden sind, können hervorragende über Mobile-Coaching durchgeführt werden. Die Verbesserung der Handlungskompetenzen der Mitarbeiter sei dabei das obere Ziel, um eine Produktivitätssteigerung innerhalb der Unternehmen herbeiführen zu können.

Anhand der Ergebnisse der empirischen Untersuchung von Mobile-Coaching werden abschließend im folgenden Kapitel ein Fazit und grundlegende Handlungsempfehlungen für die erfolgreiche Implementierung von Mobile-Coaching in deutschen Unternehmen abgeleitet.

5 Fazit und Handlungsempfehlungen

Die Arbeit hat gezeigt, dass Mobile-Coaching als ein hochwertiges Beratungsangebot neben Face-to-Face Beratung bestehen kann. Diese noch „junge" Form der Beratung kann als eigenständige Methode betrachtet und sowohl als Ergänzung zu Face-to-Face Beratung, als auch als Ersatz für diese Unternehmen implementiert werden. Mobile Coaching ermöglicht optimierend und steuernd in die betrieblichen Weiterbildungsprozesse einzugreifen.

Die Ergebnisse der Untersuchung haben gezeigt, dass in der Praxis bei der Auswahl von Beratungs- und Lernmethoden das System des Mobile-Coaching in deutschen Unternehmen nicht, oder zu wenig, als alternative Beratungsform in Betracht gezogen wird. Grund hierfür die die mangelnde Popularität des Systems. Die elektronische Kommunikation innerhalb der Unternehmen hat sich in den letzten Jahren intensiviert und befindet sich auf einem Niveau, welche eine Implementierung von Mobile-Coaching Systemen ohne größeren Aufwand zulassen würde. Weiterhin wird die Entwicklung und tiefgründige Einführung von Mobile-Coaching auf dem deutschen Markt von traditionellen Anbietern von Coaching gehemmt. Diese blockierende Einflussnahme verlangsamt die Entwicklung von Mobile-Coaching bei der Markterschließung. Anlass dafür ist die Angst der traditionellen Anbieter, Marktanteile zu verlieren oder auch vom Markt verdrängt zu werden.

Hieraus ergeben sich folgende Handlungsempfehlungen: Durch nachhaltige Förderung in Form von intensiver Lobbyarbeit muss gegen vorhandene Markteintrittsbarrieren vorgegangen zu werden. Dazu ist es notwendig, dass zukünftig verstärkt wissenschaftliche Studien und Publikationen verfasst werden, welche die Wirkungsweisen und Vorteile von Mobile-Coaching kommunizieren, um eine positive Marktentwicklung und die Akzeptanz in den Unternehmen des Systems zu fördern. Weiterhin muss eine Marktbelebung stattfinden und die Wettbewerbsintensität sollte ausgebaut werden. Bisher ist die Anzahl von Anbietern von Mobile-Coaching sehr überschaubar. Durch strategische Zusammenarbeit in Form von Netzwerkkommunikation und gemeinsamer Projektgestaltung können Synergieeffekte positiv zur Marktbelebung genutzt werden.

Weiterhin haben die Ergebnisse der Untersuchung aufgezeigt, dass der intensive Beziehungsaufbau zwischen dem Coach und den Coachees eine der tragenden Säulen des Mobile-Coaching Systems darstellt. Die Beratungsqualität und die Integration von Mobile-Coaching in die Unternehmenskultur sind hierbei essentielle Wirkungsfaktoren. Teilweise liegen in der Praxis Akzeptanzprobleme vor. Diese sind begründet durch die Annahme, dass ausschließlich durch die Kommunikation über elektronischen Medien kein, zur Realität vergleichbarer, Beziehungsaufbau möglich sei und das Mobile-Coaching von den Arbeitgebern nicht als vollwertige Personalentwicklungsmaßnahme betrachtet wird. Hieraus ergeben sich weitere Handlungsempfehlungen:

Um das besonders wichtige Element des Mobile-Coaching, die Beziehung zwischen Coach und Coachee, aufzubauen und diese auf einem qualitativ hohem Niveau zu halten sind folgende Grundwerte zu beachten: Die Bearbeitung der Mobile-Coaching-Anliegen ist nur dann effizient möglich, wenn der Mobile-Coaching-Prozess von Offenheit und Diskretion geprägt ist. Ermutigendes Handeln, aber auch die Benennung „unangenehmer" Fakten sollten den Coach auszeichnen. Eine spannungsfreie Situation, ein transparentes Konzept und Vertrauen sind dafür essentiell. Das Vertrauen zwischen dem Coach und dem Coachee hat dabei, im Hinblick auf die Interaktionsqualität, eine elementare Bedeutung[192]. Die Rollenklarheit muss vor Beginn und während des Coaching definiert werden[193]. Mit der Rollenklärung werden die Weichen für die zukünftige Mobile-Coaching-Beziehung gestellt und es wird zu einer professionellen Pro-

---

[192] Vgl. Kapitel 4.4.5.
[193] Vgl. Marcus/Schuler (2001), S. 450.

zessgestaltung beigetragen[194]. Durch den Coach muss analysiert werden, in welcher Rolle der Coachee dem Coach gegenüber steht: Z.B. als Professioneller, welcher an seinen Kompetenzen, Problemen oder Lösungen arbeitet und unterstützende Beratung in Anspruch nimmt, oder als eine Person, welche ohne fremde Hilfe keine Handlungsalternativen sieht etc.. Weiterhin muss der Coach klären, welcher Rolle er selbst in der Beratung einnimmt: Z.B. die eines distanzierten Fachmanns oder empathischen Beraters etc.. Weitere Grundlagen für einen qualitativen Beziehungsaufbau zwischen Coach und Coachee in einem Mobile-Coaching-Prozess stellen die Möglichkeit der ständigen Erreichbarkeit und die häufige Kontaktfrequenz da. Ein regelmäßiges Feedback während und zum Abschluss des Mobile-Coaching kann für beide Seiten wertvolle Aufschlüsse liefern und wirkt sich handlungsleitend auf zukünftiges Verhalten aus[195]. Ausserdem wird durch die schriftliche Reflexion, welche für ein hohes Maß an Verbindlichkeit sorgt und die Sinnhaftigkeit der Mobile-Coaching-Inhalte verstärkt, der qualitative Beziehungsaufbau zwischen Coach und Coachee gefördert.

Wie aus der empirischen Untersuchung hervorgeht, werden in der Praxis primär asynchrone Kommunikationskanäle, teilweise mit einer Beimischung zeitgleicher Kommunikation für das Mobile-Coaching eingesetzt. Obwohl durch die vornehmlich zweitversetzte Kommunikation und die örtliche Flexibilität die Möglichkeit besteht, das Mobile-Coaching auch ausserhalb der Rahmenarbeitszeit durchzuführen, muss die Unternehmenskultur soweit auf die neuen Beratungsformen ausgelegt werden, das Mobile-Coaching als vollwertige Personalentwicklungsmaßnahme und als professionelles Handeln betrachtet wird.

Weiterhin müssen Qualitätsstandards gesetzt, werden. Die potentiellen Coachees und Unternehmen müssen anhand von klaren Kriterien professionelle Anbieter von Mobile-Coaching erkennen können, um zu gewährleisten, dass Mobile-Coaching kein unübersichtliches und beliebig missbrauchbares Beratungskonzept wird. Wesentliche Merkmale können die *Strukturqualität, Prozessqualität* und die *Ergebnisqualität* sein:

- Bei der *Strukturqualität* müssen fachliche, methodische und diagnostische Kompetenzen, sowie persönliche Qualifikationen des Coachs feststellbar sein. Potentiale für Sympathie, Vertrauen und Gleichwertigkeit zwischen

---

[194] Vgl. Richter (2009), S. 98f.
[195] Vgl. Marcus/Schuler (2001), S. 452.

dem Coach und Coachee sollten schon im Vorfeld des Mobile-Coaching erkennbar sein.

- Für die Feststellung der *Prozessqualität* müssen vor Beginn des Mobile-Coaching klare Vorgaben über Formalitäten und den strukturellen Ablauf eines Mobile-Coachings kommuniziert werden.
- Die *Ergebnisqualität* muss Klarheit darüber schaffen, was mit Mobile-Coaching erreicht werden kann, welche Veränderungen herbeigeführt werden können und in wie weit das Handlungsrepertoire des Coachs flexibel ist.

Die Ergebnisse der Untersuchung haben weiterhin aufgezeigt, dass in der Praxis von den Unternehmen und den Coachees keine professionelle Erfolgskontrolle und Nutzenanalyse durchgeführt wird. Dies ist weiterhin ein Nachteil, welcher sich negativ auf die Etablierung und Akzeptierung des Systems in deutschen Unternehmen auswirkt. Entscheidungen werden von Verantwortlichen anhand von Kennzahlen getroffen. Diese sind in einem Mobile-Coaching Prozess schwer feststellbar. Aufgrund der hohen Bedeutung der Kennzahlen ergeben sich hieraus folgende Handlungsempfehlungen:

Klare Formulierungen von Etappen- und Endzielen sind von Beginn des Coachings essentiell. Eine einige sofortige Evaluation und eine qualitative Auswertung dieser muss am Ende des Coachings durchgeführt werden. Weiterhin sollten zur Ergänzung der Evaluation Erfahrungsberichte durch die Coachees verfasst werden. Dies zum einen um, dem Coach die Möglichkeit zu geben, das Coaching-Konzept zu optimieren. Zum anderen um den Coachees eine eigene Fixierung für zukünftige Handlungsschritte und die Umsetzung des Lerntransfers bereitzustellen. Die Evaluation ist ein zentraler Prozess innerhalb von Veränderungsprozessen und des Bildungscontrollings. Nach Möglichkeit sollten von den unternehmeninterne Controllern weiterhin Kosten-Nutzen-Analysen in Bezug auf die Prozessoptimierung durchgeführt werden, um den Erfolg von Mobile-Coaching auch zahlenmäßig darstellen zu können

Durch die Berücksichtigung dieser Handlungsempfehlungen, erhöht sich die Erfolgswahrscheinlichkeit einer positiven und wachsenden Entwicklung von Mobile-Coaching auf dem deutschen Markt.

6 Ausblick

Es kann festgestellt werden, dass die zukunftsweisende Personalentwicklungsmaßnahme Mobile-Coaching viel Potential für die Unternehmen hinsichtlich der Anwendbarkeit, Prozessoptimierung und Kostenreduktion bietet. Hierzu ist eine konstante Förderung aller Marktbeteiligter notwendig. Stetige Anpassungen an Entwicklungen, Zielen, Messgrößen und Marktbedürfnisse sind notwendig. Eine dynamische Entwicklung muss von allen Marktbeteiligten unterstützt werden.

Besonders für zwei Themenbereiche ist im Bereich Mobile-Coaching Zukunftspotential abzusehen: Hierzu zählt die Möglichkeit, über das System Mobile-Coaching, auch für relativ junge Mitarbeiter/- innen und Mitarbeiter/- innen des mittleren Managements Zugang zu professioneller Coaching-Beratung zu schaffen. Weiterhin bieten sich sehr große Einsatzbereiche im Gesundheitscoachin.

Durch die neuen Kommunikationskanäle und den effektiven Einsatz, der im Vergleich zu einer Face-to-Face Beratung kostengünstigen Personalentwicklungsmaßnahme Mobile-Coaching, werden in Zukunft neue Möglichkeiten geschaffen, Coaching einer breiteren Masse anzubieten. Besonders junge Mitarbeiter und Fachkräfte mit besonderen Fachqualifikationen bekommen somit Chancen, ihr vorhandenes Potential und ihre Kompetenzen zu fördern und ihr Verhalten frühzeitig zweckorientiert und präventiv den neuen Herausforderungen anzupassen.

Weiterhin wird sich „Präsentismus" in Zukunft als ein zentrales Problem in der betrieblichen Gesundheitspolitk entwickeln[196]: Als „Präsentismus" wird ein Verhalten von Arbeitnehmern /-innen bezeichnet, welche trotz Krankheit, aus Angst vor dem Verlust des Arbeitsplatzes, ihren Aufgaben nachkommen[197].

Das Risiko für die Arbeitnehmer/-innen und Unternehmen besteh darin, dass keine ausreichende Regeneration stattfindet und sich die Krankheitszustände schrittweise und unbemerkt verschlimmern.Weiterhin besteht die Gefahr, dass die Anwesenheit trotz Krankheit, eine längere Abwesenheit der Arbeitnehmer/-innen in Folge der Verschlimmerung der Krankheit zur Folge hat. Die Kosten,

---

[196] Vgl. Strasser, Philip/Ulrich, Eberhard, (2010), S. 24.

welche durch die Folgen von „*Präsentismus*" entstehen, sind folglich für die Unternehmen höher als reguläre Krankmeldungen.

Hier kann effektives Mobiles-Gesundheitscoaching zum Einsatz kommen. Zum einen präventiv, um eine Verhaltensänderung im Lebensstil der Mitarbeiter herbeizuführen, zum anderen bei bereits aufgetreten Krankheitsbildern, um eine Gesundheitsberatung durchzuführen. Ob dabei das Gesundheits-Coaching von externen Dienstleistern übernommen wird, oder von dem Unternehmen selbst durchgeführt werden sollte ist offen. Bei der Durchführung von externen Dienstleistern ist die Anonymität ein wesentlicher Faktor[198]. Gerade in Gesundheitsfragen ist Datensicherheit und Vertrauen notwendig. Die Daten dürfen keinesfalls von Mitarbeitern oder Vorgesetzten einsehbar sein. Dies kann durch externe Dienstleister sichergestellt werden. Vorteile der internen Durchführung sind die schnellere Koordination und die einheitlichen Vorgehensweisen in der Durchführung des Mobile-Coachings[199].

---

[198] Vgl. Kapitel 4.4.2.
[199] Vgl. Strasser, Philip/Ulrich, Eberhard, (2010), S. 25.

Anhangverzeichnis

Anhang 1: Leitfaden für die ExpertInneninterviews mit
einer Diplom-Psychologin, einer Diplom-Betriebswirtin,
einer Diplom-Psychologin und einem Diplom-Betriebswirt.........87

Anhang 2: Leitfaden für das Experteninterview mit einem Professor
für allgemeine Pädagogik..92

Anhang 1: Leitfaden für die ExpertInneninterviews mit einer Diplom-Psychologin, einer Diplom-Betriebswirtin, einer Diplom-Psychologin und einem Diplom-Betriebswirt.

1 Einleitung:

1.1 Begrüßung:

1.1.1 Danksagung.

1.1.2 Hinweis auf Aufzeichnung des Gespräches mit Aufnahmegerät.

1.1.3 Formulierung der Interviewinhalte und Inhalt Diplomarbeit.

1.2 Fragen zu der interviewten Person:

1.2.1 Bitte skizzieren Sie kurz Ihren Werdegang (Ausbildung, Studium, etc.).

1.2.2 Über wie viele Jahre Berufserfahrung verfügen Sie?

1.2.3 Welche Position haben Sie in Ihrem Unternehmen inne?

1.2.4 Wie alt Sind Sie?

1.3 Fragen zum Unternehmen:

1.3.1 In welcher Branche ist das Unternehmen tätig?

1.3.2 Wie groß ist das Unternehmen (Personalbestand)?

1.3.3 Was bietet das Unternehmen für Leistungen an?

1.3.4 Wie werden neue Kunden akquiriert?

1.3.4 Ist das Unternehmen national und international tätig?

2 Fragen zum Konzept Mobile-Coaching:

2.1 Fragen zu den Medien:

2.1.1 Welche Instrumente/Medien kommen primär zum Einsatz?
Liegt der Schwerpunkt dabei auf synchronen oder asynchronen Medien?

2.1.2 Kommen Web 2.0 Techniken zum Einsatz (Blogs, Wikis, etc.)?

2.1.3 Wie werden diese technischen Errungenschaften von Ihnen bewertet?

2.1.4 Liegen Akzeptanzprobleme gegenüber den neuen Medien vor?

Wenn ja, welche und wie ausgeprägt sind diese?

2.2 Fragen zu den Vor-/Nachteile von Mobile-Coaching:

2.2.1 Welche Möglichkeiten bieten sich dem Coach/Coachee – welche werden von Ihnen genutzt und warum?

2.2.2 Was ist das größte „Plus" was die neuen Medien bieten? Wo gibt es Mängel & Nachteile?

2.3 Fragen zur Einordnung von Mobile-Coaching in das Coaching-Konzept:

2.3.1 Ist eine Abgrenzung von Mobile-Coaching zu anderen Disziplinen eindeutig möglich (Supervision, Mentoring, Psychotherapie)?

2.3.2 Ist Mobile-Coaching eine eigenständige Methode oder eine komplementäre Methode zu f2f-Coaching?

2.4 Fragen zum Zeitbedarf:

2.4.1 Wie lange wird Mobile-Coaching durchschnittlich in Anspruch genommen?

2.4.2 Wird Mobile-Coaching während der Arbeitszeit durchgeführt?

2.4.3 Kommt teilweise durch Klienten eine wiederkehrende Inanspruchnahme Der Beratung vor? Oder ist es hauptsächlich ein einmaliger Prozess?

3 Fragen zur Marktsituation von Mobile-Coaching:

3.1 Historie:

3.1.1 Seit wann wird Mobile-Coaching in Unternehmen eingesetzt?

3.1.2 Wie hat sich der Markt für Mobile-Coaching in der Vergangenheit entwickelt?

3.2 Aktuelle Marktsituation und Zukunftsaussichten:

3.2.1 Bitte beschreiben und bewerten Sie die aktuelle Marktsituation für Mobile-Coaching-Maßnahmen in der Personalentwicklung.

3.2.2 Wie bewerten Sie die Aussage: Mobile-Coaching ist momentan ein „Nice-to-Have"?

3.2.3 Wo ist Handlungsbedarf bezüglich der Akzeptanz von Mobile-Coaching in der Personalentwicklung?

3.2.4 Wie beurteilen Sie die Zukunft? Gibt es spezielle Trends und zeichnen sich besondere Entwicklungen ab?

3.2.5 Warum glauben Sie an das virtuelle Lernen?

3.3 Wettbewerb:

3.3.1 Welche genauen Wettbewerbsvorteile bietet Mobile-Coaching gegenüber f2f-Coaching?

3.3.2 Werden diese Vorteile durch die Unternehmen erkannt und genutzt?

3.3.3 Durch welche Maßnahmen entstehen die Wettbewerbsvorteile?

3.3.4 In welche der folgenden Kategorien werden die Wettbewerbsvorteile des Mobile-Coaching eingeordnet? Liegen ggf. Überschneidungen vor?
- Prozessorientierte Vorteile
- Kundenorientierte Vorteile
- Technikorientierte Vorteile

3.3.5 Wie bewerten Sie die Wettbewerbsintensität?

3.4 Zielgruppen:

3.4.1 Für welchen Kunden/Branche ist Mobile-Coaching Ihrer Meinung nach am besten geeignet, gibt es klare Zielgruppen (Branchen)?

3.4.2 Wie alt sind Klienten im Durchschnitt?

3.4.3 Wie hoch ist der Männeranteil?

3.4.4 Wie hoch ist der Frauenanteil?

3.4.5 Welche Managementebene besitzt die höchste Affinität zum Mobile-Coaching als PE-Maßnahme? Warum?

4 Fragen zu Mobile-Coaching in der Personalentwicklung:

4.1 Einordnung von Mobile-Coaching in der PE:

4.1.1 Für welchen Schwerpunkt der PE sehen Sie Mobile-Coaching am besten geeignet? Warum diese treffen Sie diese Bewertung?
- A) Arbeitsplatzbezogene Kompetenzerweiterung
- B) Individuelle Laufbahnentwicklung
- C) Entwicklung der Wettbewerbsfähigkeit der Organisation

4.1.2 Zu welchen Gruppen der PE-Maßnahmen lässt sich das Mobile-Coaching aus Ihrer Sicht am sinnvollsten zuordnen?

A) *„On The Job"* (Handlungsorientiertes Lernen im Prozess der Arbeit (Projektarbeit, Job Enlargement, Stellvertretung, etc.).

B) *„Along The Job"* (Potenzialorientierte Maßnahmen, Erschließung neuer Perspektiven).

C) *„Near The Job"* (Trainings, Development-Center, Planspiele, nicht an Arbeitsplatz gebunden, außerhalb Arbeitszeit).

D) *„Out Of The Job"* (Maßnahmen für ausscheidende Mitarbeiter).

4.2 Zielsetzung:

4.2.1 Was versprechen Sie sich von Mobile-Coaching in der Personalentwicklung? Produktivitätssteigerung, Verhaltensänderungen oder eher Motivationszuwachs?

4.3 Voraussetzungen:

4.3.1 Welche Rahmenbedingungen müssen aus Ihrer Sicht erfüllt sein für die Implementierung von Mobile-Coaching als PE-Maßnahme in Unternehmen?

4.3.2 An was ist bei der Einführung zu denken?

4.4 Fragen zu Erfolgsmessung von Mobile-Coaching:

4.4.1 Welche Messinstrumente werden eingesetzt um den genauen Erfolg zu messen?

4.4.2 Erfolgt die Ermittlung des Erfolges primär über die Betrachtung von Resultaten? Das „Lernen" abfragen bzw. messen? Oder erfolgt Anwendung einer Kosten-Nutzen-Analyse?

4.4.3 Misst der Kunde den Return on Investment? Wenn ja, wie?

4.4.4 Welche Voraussetzung müssen für eine Erfolgsmessung in dem Unternehmen vorliegen?

5 Fragen zum Gespräch:

5.1 Haben Sie Ergänzungen bezüglich der Forschungsfrage und der Fragenschwerpunkte?

5.2 Wie haben Sie das Interview und die Interviewdurchführung empfunden? Bitte äußern Sie Kritik!

Anhang 2: Leitfaden für das Experteninterview mit einem Professor für allgemeine Pädagogik

1 Einleitung:

1.1 Begrüßung:

1.1.1 Danksagung.
1.1.2 Hinweis auf Aufzeichnung des Gespräches mit Aufnahmegerät.
1.1.3 Formulierung der Interviewinhalte und Inhalt Diplomarbeit.

2 Fragen zum Konzept Mobile-Coaching:

2.2 Fragen zu den Medien:

2.1.1 Welche Instrumente/Medien kommen primär zum Einsatz?
Liegt der Schwerpunkt dabei auf synchronen oder asynchronen Medien?
2.1.2 Kommen Web 2.0 Techniken zum Einsatz (Blogs, Wikis, etc.)?
2.1.3 Wie werden diese technischen Errungenschaften von Ihnen bewertet?
2.1.4 Liegen Akzeptanzprobleme gegenüber den neuen Medien vor?
Wenn ja, welche und wie ausgeprägt sind diese?

2.2 Fragen zu den Vor-/Nachteile von Mobile-Coaching:

2.2.1 Welche Möglichkeiten bieten sich dem Coach/Coachee – welche werden von Ihnen genutzt und warum?
2.2.2 Was ist das größte „Plus" was die neuen Medien bieten?
Wo gibt es Mängel & Nachteile?

2.3 Fragen zur Einordnung von Mobile-Coaching in das Coaching-Konzept:

2.3.1 Ist eine Abgrenzung von Mobile-Coaching zu anderen Disziplinen eindeutig möglich (Supervision, Mentoring, Psychotherapie)?
2.3.2 Ist Mobile-Coaching eine eigenständige Methode oder eine komplementäre Methode zu f2f-Coaching?

3 Fragen zur Marktsituation von Mobile-Coaching:

3.1 Historie:

3.1.1 Seit wann wird Mobile-Coaching in Unternehmen eingesetzt?

3.1.2 Wie hat sich der Markt für Mobile-Coaching in der Vergangenheit entwckelt?

3.2 Aktuelle Marktsituation und Zukunftsaussichten:

3.2.1 Bitte beschreiben und bewerten Sie die aktuelle Marktsituation für Mobile-Coaching-Maßnahmen in der Personalentwicklung.

3.2.2 Wie bewerten Sie die Aussage: Mobile-Coaching ist momentan ein „Nice-to-Have"?

3.2.3 Wo ist Handlungsbedarf bezüglich der Akzeptanz von Mobile-Coaching in der Personalentwicklung?

3.2.4 Wie beurteilen Sie die Zukunft? Gibt es spezielle Trends und zeichnen sich besondere Entwicklungen ab?

3.2.5 Warum glauben Sie an das virtuelle Lernen?

3.3 Wettbewerb:

3.3.1 Welche genauen Wettbewerbsvorteile bietet Mobile-Coaching gegenüber f2f-Coaching?

3.3.2 Werden diese Vorteile durch die Unternehmen erkannt und genutzt?

3.3.3 Durch welche Maßnahmen entstehen die Wettbewerbsvorteile?

3.3.4 In welche der folgenden Kategorien werden die Wettbewerbsvorteile des Mobile-Coaching eingeordnet? Liegen ggf. Überschneidungen vor?
- Prozessorientierte Vorteile
- Kundenorientierte Vorteile
- Technikorientierte Vorteile

3.3.5 Wie bewerten Sie die Wettbewerbsintensität?

3.4 Zielgruppen:

3.4.1 Für welchen Kunden/Branche ist Mobile-Coaching Ihrer Meinung nach am besten geeignet, gibt es klare Zielgruppen (Branchen)?

3.4.2 Welche Managementebene besitzt die höchste Affinität zum Mobile-Coaching als PE-Maßnahme? Warum?

4 Fragen zu Mobile-Coaching in der Personalentwicklung:

4.1 Einordnung von Mobile-Coaching in der PE:

4.1.1 Für welchen Schwerpunkt der PE sehen Sie Mobile-Coaching am besten geeignet? Warum diese treffen Sie diese Bewertung?
- D) Arbeitsplatzbezogene Kompetenzerweiterung
- E) Individuelle Laufbahnentwicklung
- F) Entwicklung der Wettbewerbsfähigkeit der Organisation

4.1.2 Zu welchen Gruppen der PE-Maßnahmen lässt sich das Mobile-Coaching aus Ihrer Sicht am sinnvollsten zuordnen?
- E) *„On The Job"* (Handlungsorientiertes Lernen im Prozess der Arbeit (Projektarbeit, Job Enlargement, Stellvertretung, etc.).
- F) *„Along The Job"* (Potenzialorientierte Maßnahmen, Erschließung neuer Perspektiven).
- G) *„Near The Job"* (Trainings, Development-Center, Planspiele, nicht an Arbeitsplatz gebunden, außerhalb Arbeitszeit).
- H) *„Out Of The Job"* (Maßnahmen für ausscheidende Mitarbeiter).

4.2 Zielsetzung:

4.2.1 Was versprechen Sie sich von Mobile-Coaching in der Personalentwicklung? Produktivitätssteigerung, Verhaltensänderungen oder eher Motivationszuwachs?

4.3 Voraussetzungen:

4.3.1 Welche Rahmenbedingungen müssen aus Ihrer Sicht erfüllt sein für die Implementierung von Mobile-Coaching als PE-Maßnahme in Unternehmen?

4.3.2 An was ist bei der Einführung zu denken?

4.4 Fragen zu Erfolgsmessung von Mobile-Coaching

4.4.1 Welche Messinstrumente werden eingesetzt um den genauen Erfolg zu messen?

4.4.2 Erfolgt die Ermittlung des Erfolges primär über die Betrachtung von Resultaten? Das „Lernen" abfragen bzw. messen? Oder erfolgt Anwendung einer Kosten-Nutzen-Analyse?

4.4.3 Misst der Kunde den Return on Investment? Wenn ja, wie?

4.4.4 Welche Voraussetzung müssen für eine Erfolgsmessung in dem Unternehmen vorliegen?

5 **Fragen zum Gespräch:**

5.1 Haben Sie Ergänzungen bezüglich der Forschungsfrage und der Fragenschwerpunkte?

5.2 Wie haben Sie das Interview und die Interviewdurchführung empfunden? Bitte äußern Sie Kritik!

Literaturverzeichnis

Aichholzer, Georg (2005): Das ExpertInnen-Delphi: methodische Grundlage und Anwendungsfelder Technology Foresight; in: Das Experteninterview, Theorie, Methode, Anwendung, 2. Aufl., VS Verlag für Sozialwissenschaften, Wiesbaden, S. 133-153.

Allgemeine Erklärung der Menschenrechte (UN-Doc. 217/A-(III)) vom 10.12.1948.

Backhausen, Wilhelm / Thommen, Jean-Paul (2006): Coaching: Durch systematisches Denken zu innovativer Personalentwicklung, 3. Aufl., GWV Fachverlage GmbH, Wiesbaden, 459 Seiten.

Bandura, Albert (1979): Sozial-kognitive-Lerntheorie, Aufl., Klett-Cotta, Stuttgart, 238 Seiten.

Belardi, Nando (2005): Supervision: Grundlagen, Techniken, Perspektiven, 2. überarbeitete Aufl., Verlag C.H. Beck oHG, München, 128 Seiten.

Birgmeier, Bernd R. (2005): Coaching und soziale Arbeit, Juventa Verlag, Weinheim und München, 292 Seiten.

Bofinger, Peter (2007): Grundzüge der Volkswirtschaftslehre, 2. aktualisierte Auflage Aufl., Pearson Education Deutschland GmbH, München, 617 Seiten.

Böhnisch, Wolf R. / Krennmair, Norbert / Stummer, Harald, (2006): Gesundheitsorientierte Unternehmensführung: Eine Werteperspektive, 1. Aufl., GWV Fachverlage GmbH, Wiesbaden, 124 Seiten.

Böhnke, Elisabeth / von Rosenstiel, Lutz (2005): Feedbackinstrumente in Unternehmen: Grundlagen, Gestaltungshinweise, Erfahrungsberichte, 1. Aufl., GWV Fachverlage GmbH, Wiesbaden, 552 Seiten.

Böning, Uwe / Fritschle, Brigitte (2005): Coaching für Business; Was Coaches, Personaler und Manager über Coaching wissen sollten, Bonn, 336 Seiten.

Brockhaus (2006): Brockhaus; Enzyklopädie, 21. Aufl., F.A. Brockhaus GmbH, Leipzig, 832 Seiten.

Buchinger, Kurt / Klinkhammer, Monika (2007): Beratungskompetenz, 1. Aufl., W. Kohlhammer GmbH, Stuttgart, 206 Seiten.

Buer, Ferdinand / Siller, Gertrud (2004): Die flexible Supervision, 1. Aufl., VS Verlag für Sozialwissenschaften / GwV Fachverlage GmbH, Wiesbaden, 245 Seiten.

Busch, Frank / Mayer, Thomas B. (2002): Der Online-Coach: Wie Trainer virtuelles Lernen optimal fördern können, Beltz Verlag, Weinheim und Basel, 200 Seiten.

Clar, Günter / Dorè, Julia / Mohr, Hans (1997): Humankapital und Wissen: Grundlagen einer nachhaltigen Entwicklung, Springer-Verlag, Berlin und Heidelberg, 337 Seiten.

Dehner, Ulrich / Dehner, Renate (2004): Coaching als Führungsinstrument, Campus Verlag GmbH, Frankfurt am Main, 219 Seiten.

Eichhorn, Christoph (2009): Souverän durch Self-Coaching, Vandenhoeck & Ruprecht GmbH & Co. KG., Göttingen, 192 Seiten.

Endsbiller, Maik (2009): E-Learning: Betriebswirtschaftliche Betrachtung neuer Lehr- und Lernmethoden, Neubiberg, 87 Seiten.

Geißler, Harald (2008): E-Coaching, Band 55, Schneider Verlag Hohengehren, Baltmannsweiler, 241 Seiten.

Göbel, Elisabeth (2006): Unternehmensethik, Lucius & Lucius Verlagsgesellschaft mbH, Stuttgart, 317 Seiten.

Greif, Siegfried (2008): Coaching und ergebnisorientierte Selbstreflexion, 1. Aufl., Hogrefe Verlag GmbH & Co. KG, Göttingen, 389 Seiten.

Grimmer, Bernhard / Neukom, Marius (2009): Coaching und Psychotherapie, 1. Aufl., GWV Fachverlage GmbH, Wiesbaden, 233 Seiten.

GG (Grundgesetz für die Bundesrepublik Deutschland) vom 23. Mai 1949

Grünig, Caroline / Kaschube, Jürgen (2008): Virtuelles Coaching in Veränderungsprozesse, in: E-Coaching, Band 55, Hrsg: Geißler, Harald, Schneider Verlag Hohengehren GmbH, Baltmannsweiler, S. 147-153.

Haake, Jörg / Schwarbe, Gerhard / Wessner, Martin (2004): CSCL Kompendium: Lehr- und Handbuch zum computerunterstützten kooperativen Lernen, Oldenbourg Wissenschafts Verlag GmbH, München, 522 Seiten.

Heintel, Peter / Ukowitz, Martina (2009): Vielfalt ermöglichen. Eine reflexive Annäherung an Rolle und Funktion einer Rahmentheorie im Coaching: Birgmeier, in: Coachingwissen: Denn sie wissen nicht, was sie tun?, 1. Aufl., Hrsg.: Birgmeier, Bernd, VS Verlag für Sozialwissenschaften, Wiesbaden, S. 33-45.

Herczeg, Michael (2007): Einführung in die Medieninformatik, Oldenbourg Wissenschaftsverlag GmbH, München, 292 Seiten.

Heß, Tatjana / Roth, Wolfgang L. (2001): Professionelles Coaching, Asanger Verlag GmbH, Heidelberg und Kröning, 198 Seiten.

Hoffmann, Dagmar (2005): Experteninterview; in: Qualitative Medienforschung, Hrsg.: Wegener, Claudia, UVK Verlagsgesellschaft mbH, Konstanz, S.268-277.

Hölscher, Uvo (2000): Die Odyssee: Epos zwischen Märchen und Roman, 2. Aufl., Verlag C.H. Beck oHG, München, 358 Seiten.

Kamaras, Endre (2003): Humakapital: Grund des Wachstums?, 1. Aufl., Tectum Verlag, Marburg, 190 Seiten.

Karnowski, Veronika (2008): Das Mobiltelefon im Spiegel fiktionaler Fernsehnsendungen, 1. Aufl., GWV Fachverlage GmbH, Wiesbaden, 221 Seiten.

Kerres, Michael (2001): Multimeiale und telemediale Lernumgebung: Konzeption und Entwicklung, 2. Aufl., Oldenbourg Wissenschaftsverlag GmbH, München, 410 Seiten.

Kißner, Heike (1999): Anforderungen an ein Lernumgebungsdesign bei der Entwicklung und Nutzung Neuer Medien, in: Lehrdesign und Neue Medien: Analyse und Konstruktion, Hrsg.: Girmes, Renate, Waxmann Verlag GmbH, Münster, S. 59-82.

Koch, Brigitte (2009), (Nr. 1): Online Coaching-Beratung der besonderen Art, in: Coaching Magazin 2/2009,Hrsg. Rauen, Christoph, Beisner Druck GmbH & Co. KG, Goldenstedt, S. 42.

Koch, Brigitte (2009), (Nr. 2): Ist Online-Coaching "richtiges" Coaching?, in: e-beratungsjournal ,5. Jahrgang, Heft 1, Artikel 6, Hrsg. Kühne, Stefan, Wien.

König, Eckard / Volmer, Gerda (2003): Systematisches Coaching: Handbuch für Führungskräfte, Berater und Trainer, 2. Aufl., Beltz Verlag, Weinheim und Basel, 192 Seiten.

Kuhlmann, Annette M. / Sauter, Werner (2008): Innovative Lernsysteme: Kompetenzentwicklung mit Blended Learning und Social Software, 1. Aufl., Springer-Verlag, Berlin und Heidelberg, 240 Seiten.

Leitner, Andrea / Wroblewski, Angela (2005): Zwischen Wirtschaftlichkeitsstandards und Effizienzansprüchen; in: Das Experteninterview: Theorie, Methode, Anwendung, Hrsg.: Bogner, Alexander / Littig, Beate / Menz, Wolfgang, 2. Aufl., VS Verlag für Sozialwissenschaften, S. 241-256.

Lenz, Gerhard / Ellebracht, Heiner / Osterhold, Gisela (2007): Coaching als Führungsprinzip, 1. Aufl., GWV Fachverlage GmbH, Wiesbaden, 158 Seiten.

Linz, Lothar (2009): Erfolgreiches Teamcoaching: Ein sportpsychologisches Handbuch für Trainer, 3. Aufl., Meyer & Meyer Verlag, Aachen, 208 Seiten.

Lippmann, Eric (2009): Coaching: Angewandte Psychologie für die Beratungspraxis, 2. Aufl., Springer Verlag, Heidelberg, 377 Seiten.

Lippmann, Eric / Ullmann-Jungfer, Giesela (2008): E-Mail Coaching und Präsenzcoaching - Überlegungen zu zwei Beratungsformen, in: E-Coaching, Band 55, Hrsg.: Geißler, Harald, Schneider Verlag Hohengehren GmbH, S. 71-81.

Luecke, Richard (2004): Coaching and Mentoring, Harvard Business School Publishing Cooperation, Boston (USA), 137 Seiten.

Marcus, Bernd / Schuler, Heinz (2001): Leistungsbeurteilung, in: Lehrbuch der Personalpsychologie, Hrsg.: Schuler, Heinz, Hogrefe-Verlag, Göttingen, S. 398-428.

Marquardt, Michael / Loan, Peter (2006): The Manager as Mentor, Praeger Publisher, Westport (USA), 179 Seiten.

Mayerl, Falko / Jasorka, Carsten (2007): E-Coaching für Führungskräfte, VDM Verlag Dr. Müller e.K., Saarbrücken, 159 Seiten.

Meier, Rolf (2006): Praxis E-Learning, GABAL Verlag GmbH, Offenbach, 447 Seiten.

Meier, Daniel / Szabo, Peter (2008): Coaching - Erfrischend einfach, Books on Demand GmbH, Norderstedt, 108 Seiten.

Migge, Björn (2007): Handbuch Coaching und Beratung, 2. überarbeitete Aufl., Beltz Verlag, Weinheim und Basel, 633 Seiten.

Müller, Gabriele (2006): Systemisches Coaching im Management, 2. Aufl., Beltz Verlag, Weinheim und Basel, 158 Seiten.

Neges, Gertrud / Neges, Richard (2008): Führungskraft und Coaching, Linde Verlag Wien Ges.m.b.H., Wien, 176 Seiten.

Niergermann, Helmut M. / Domagk, Steffi / Hessel, Silvia / Hein, Alexandra, Hupfer, Matthias / Zobel, Annett (2008): Kompendium multimodales Lernen, 1. Aufl., Springer-Verlag, Berlin und Heidelberg, 680 Seiten.

Niermeyer, Rainer (2007): Coaching: Ziele setzten, Selbstvertrauen stärken, Erfolge kontrollieren, 4. Aufl., Rudolf Haufe Verlag GmbH & Co. KG, München, 175 Seiten.

Nigro, Nicholas (2008): The Everything Coaching and Mentroing Book, F+W Publications Company, Avon (USA), 287 Seiten.

Offermanns, Martina / Steinhübel, Andreas (2006): Coachingwissen für Personalverantwortliche, 1. Aufl., Campus Verlag GmbH, Frankfurt am Main, 226 Seiten.

Ojstersek, Nadine / Kerres, Michael (2008): Virtuelles Coaching und E-Learning; In: E-Coaching, Band 55, Hrsg.: Geißler, Harald, Schneider Verlag Hohengehren GmbH, Baltmannsweiler, S. 60-70.

Pekrul, Steffen (2006): Bauwirtschaft und Baubetrieb: Maßnahmen zur Steigerung der Wettbewerbsfähigkeit deutscher Bauunternehmen, 1. Aufl., Technische Universität Berlin, Berlin, 269 Seiten.

Petzold, Hilarion / Schigl, Brigitte / Fischer, Martin / Höfner, Claudia (2003): Supervision auf dem Prüfstand, Leske + Buderich, Opladen, 329 Seiten.

Pohl, Michael / Fallner, Heinrich (2009): Coaching mit System: Die Kunst nachhaltiger Beratung, 3. Aufl., GWV Fachverlage GmbH, Wiesbaden, 247 Seiten.

Rauen, Christopher (1999): Coaching, Hogrefe-Verlag für Psychologie, Göttingen, 231 Seiten.

Richter, Kurt (2009): Coaching als kreativer Prozess, 1. Aufl., Vandenhoeck & Ruprecht GmbH & Co KG, Göttingen, 358 Seiten.

Rotering-Steinberg, Sigrid (2009): Unterschiede und Gemeinsamkeiten von Coaching und Mentoring, in: Mentoring: Theoretische Hintergründe, empirische Befunde und praktische Anwendungen, Hrsg.: Stöger, Heidrun / Ziegler, Albert / Schimke, Diana, Pabst Science Publishers, Lengerich, S. 31-51.

Schreyögg, Astrid (2003): Coaching; Eine Einführung für Praxis und Ausbildung, 6. Aufl., Campus Verlag GmbH, Frankfurt am Main.

Schreyögg, Astrid (2002): Konfliktcoaching: Anleitung für den Coach, Campus Verlag GmbH, Frankfurt am Main, 382 Seiten.

Schreyögg, Astrid / Schmidt-Lellek, Christoph (2007): Konzepte des Coaching, GWV Fachverlage GmbH, Wiesbaden, 253 Seiten.

Schultze, Nils-Günter (2007):Erfolgsfaktoren des virtuellen Settings in der psychologischen Internet-Beratung, in: e-beratungsjournal, 3. Jahrgang, Heft 1, Artikel 5, Hrsg. Kühne, Stefan, Wien.

Starke, Gernot (2008): Effektive Software Architekturen, 3. Aufl., Carl Hanser Verlag, München, 383 Seiten.

Strasser, Philip / Ulrich, Eberhard (2010):Kostspielige Präsenz, in: Harvard Business Manager, 05/2010, Hrsg. Balzer, Arno, Manager Magazin Verlagsgesellschaft mbH, Hamburg, S. 24-25.

Tenorth, Heinz-Elmar / Tippelt, Rudolf (2007): Lexikon Pädagogik, Beltz Verlag, Weinheim und Basel, 786 Seiten.

Unger, Fritz / Fuchs, Wolfgang (2005): Management der Marketing-Kommunikation, 3. Aufl., Springer-Verlag GmbH, Berlin, Heidelberg, 699 Seiten.

Winkel, Sandra / Petermann, Ulrike / Petermann, Franz (2006): Lernpsychologie, Ferdinand Schöningh GmbH & Co KG, Paderborn, 321 Seiten.

Wirtz, Bernd (2003): Mergers & Acquisitions Management, 1. Aufl., GWV Fachverlage GmbH, Wiesbaden, 503 Seiten.

Webseitenverzeichnis:

BMFSFJ (Bundesministerium für Familie, Senioren, Frauen und Jugend, 19.05.2010): Alter als Chance - demografische Entwicklung, Hrsg.:, Berlin, unter URL: http://www.bmfsfj.de/BMFSFJ/aeltere-menschen,did=12342.html, am 24.05.2010.

Bundesverband Deutscher Unternehmensberater (2010): Aktuelles Urteil zur Höhe von Coachingvergütung, unter URL: http://www.bdu.de/presse_275.html, am 12.04.2010.

BITKOM e.V., (Bundesverband Informationswirtschaft, Telekommunikation und neue Medien e.V., 01.08.2009): 25 Jahre E-Mail in Deutschland, unter URL: http://www.bitkom.org/files/documents/BITKOM-Presseinfo_25_Jahre_Email _in_Deutschland_01_08_2009.pdf, am 27.05.2010.

Coaching-Report (2010):
- **Coaching-Report (Nr. 1)**: Anforderungen an das Coaching-Konzept eines Coachs, unter URL: http://www.coaching-report.de/coach/konzept.htm, am 15.04.2010 und 20.04.2010.
- **Coaching-Report (Nr. 2)**: Anlässe für ein Coaching, unter URL: http://www.coaching-report.de/index.php?id=364, am 17.04.2010.
- **Coaching-Report (Nr. 3)**: Ziele im Coaching, unter URL: http://www.coaching-report.de/ablauf_des_coachings/ziele_im_coaching .htm, am 18.04.2010.
- **Coaching-Report (Nr. 4)**: Das COACH-Modell, unter URL: http://www.coaching-report.de/ablauf_des_coachings/coach-modell.htm, am 30.04.2010.
- **Coaching-Report (Nr. 5)**: Unterschiede zwischen Coaching und Mentoring, unter URL: http://www.coaching-report.de/ definiton_coaching/unterschiede_zum_mentoring.htm, am 12.04.2010.
- **Coaching-Report (Nr. 6)**: Kosten des Coachings, unter URL: http://www.coaching- report.de/ablauf_des_coachings/ kosten_des_coachings.htm

Coaching-Schulen (2010): Coaching Konzept; Plan über den Ablauf und den Inhalt des Coachings, unter URL: http://www.coaching-schulen.de/coaching-lexikon/coaching-konzept.html, am 15.04.2010.

Hochschule Albstadt-Sigmaringen (2010): Wirtschaftsingenieurwesen, unter URL: http://www.fh-albsig.de/wiw/, am 07.06.2010.

Rauen Coaching (2010): Coaching im Vergleich zur Psychotherapie, unter URL: http://rauen.de/coaching-artikel/coaching_im_vergleich_zur_ psychotherapie.htm, am 13.04.2010.

Screenshot Software coach/on (2010): E-Coaching-Programm, unter URL: http://coach-on.de/login/, am 24.05.2010.

Trigon Coaching Befragung (2007), unter URL: http://www.ausbildungsakademie.com/acc/media/pdf_content_acc/11790_Trigon_Coaching_Befragung_2007.pdf, am 17.04.2010.